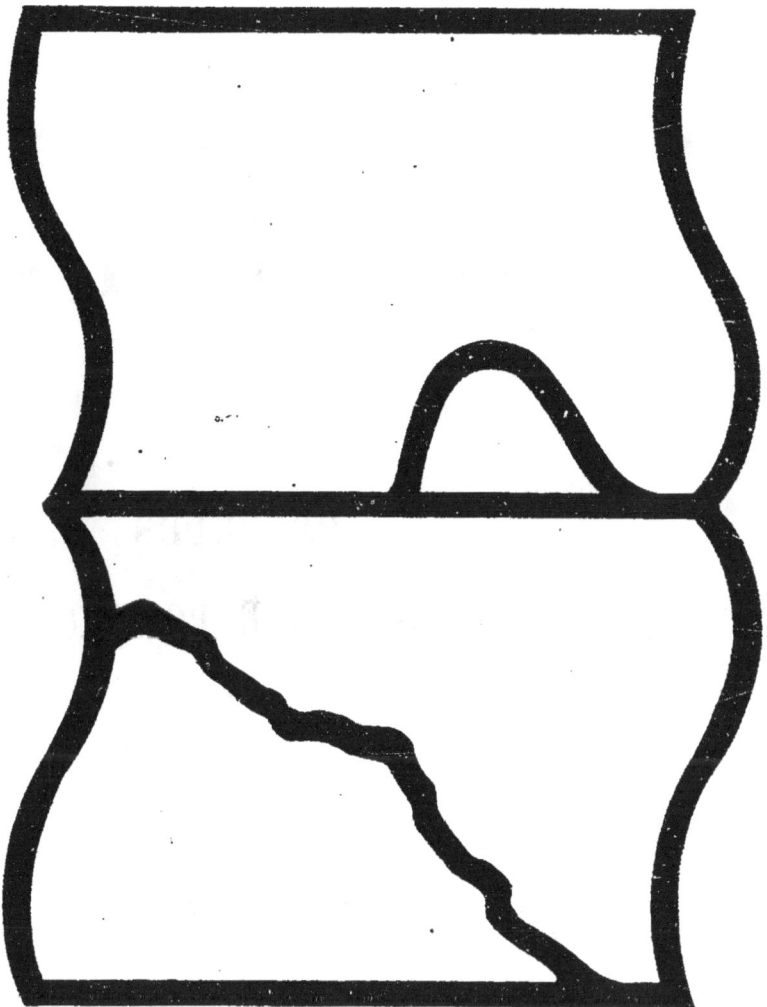

Texte détérioré — reliure défectueuse

NF Z 43-120-11

Symbole applicable
pour tout,ou partie
des documents microfilmés

PETITE BIBLIOTHÈQUE ÉCONOMIQUE
FRANÇAISE ET ÉTRANGÈRE

JOHN-STUART MILL

PRINCIPES
D'ÉCONOMIE POLITIQUE

PARIS —— GUILLAUMIN & Cie. 14 rue Richelieu

JOHN-STUART MILL

PETITE BIBLIOTHÈQUE ÉCONOMIQUE
FRANÇAISE ET ÉTRANGÈRE

Publiée sous la direction de M. Jh CHAILLEY

VOLUMES PARUS :

Vauban, par M. G. MICHEL.
Bentham, par Mlle S. RAFFALOVICH.
David Hume, par M. Léon SAY.
J.-B. Say, par M. BAUDRILLART.
Adam Smith, par M. COURCELLE-SENEUIL.
Sully, par M. Joseph CHAILLEY.
Ricardo, par M. P. BEAUREGARD.
Turgot, par M. ROBINEAU.

EN PRÉPARATION :

Bastiat, par M. Alf. de FOVILLE.
Malthus, par M. G. de MOLINARI.

3044-89. — CORBEIL. Imprimerie CRÉTÉ.

Hélioo . Dujardin

LÉON ROQUET

JOHN-STUART MILL

PRINCIPES

D'ÉCONOMIE POLITIQUE

PARIS. — GUILLAUMIN et Cie, 14, rue Richelieu.

INTRODUCTION

I

Deux économistes, penseurs éminents tous les deux, ont rendu célèbre en Angleterre et dans le monde le nom de Mill : James Mill, l'ami de Bentham et de Ricardo, l'auteur de l'*Histoire des Indes anglaises*; John Stuart Mill fils, élève et disciple du premier.

James Mill eut pour son lot les débuts difficiles, il connut l'âpre lutte pour la vie; il dut seul diriger la culture et l'émancipation de son esprit.

D'humble condition, élevé grâce à la protection de sir John Stuart de Fettercain, comme boursier à l'université d'Édimbourg, en vue de la cléricature, il dut, n'ayant pas embrassé la carrière ecclésiastique que lui interdisaient ses opinions philosophiques, accepter une place de précepteur en Écosse; il vécut ensuite de sa plume jusqu'au moment où il entra dans les bureaux de la Compagnie des Indes.

Dans ces conditions désavantageuses, il se

maria, eut une nombreuse famille, se fit seul
l'éducateur de ses enfants et trouva du temps
pour mener à bien des travaux qui le placèrent
au premier rang parmi les philosophes de l'Angleterre.

Son fils, qu'il nomma John Stuart (1), en souvenir de son bienfaiteur, ne connut pas la dureté
des premières étapes, ni le trouble et l'incertitude
qu'amènent les révoltes de la pensée contre les
croyances primitivement acceptées et la recherche de voies nouvelles.

Il a pu dire qu'il était une des rares personnes
d'Angleterre qui n'ont pas rejeté la croyance de
la religion, mais qui ne l'ont jamais eue. Il
grandit en science et en intelligence sous la forte
direction de son père, suivant le sillon tracé, se
développant dans une atmosphère de hautes
pensées et de nobles aspirations, au contact d'esprits supérieurs et arriva, non sans travail, mais
sans efforts douloureux, à la maîtrise de la pensée. Avant même d'avoir atteint sa majorité, il
entra comme son père à la Compagnie des Indes,
y trouva la sécurité de la vie et un travail qui,
tout en tenant son esprit en haleine, lui appor-
tait un sérieux contingent d'expérience; il put
consacrer toute sa vie aux plus hautes spéculations de l'esprit.

Dans la première partie de sa vie, John Stuart

(1) John Stuart Mill est né à Londres le 20 mai 1806, et
mort à Avignon le 9 mai 1873.

Mill a été soumis à un régime peu ordinaire, et son éducation constitue une expérience qui mérite une mention.

Son père, James Mill, avait des idées très arrêtées sur la règle à suivre pour développer l'intelligence et tremper l'âme des enfants ; il croyait que : « Les circonstances (1) particulières qui « entourent l'enfant forment les premières habi-« tudes, et que les premières habitudes consti-« tuent le caractère fondamental de l'homme ; « que dès que l'enfant ou plutôt l'embryon com-« mence à sentir, le caractère commence à se « former, et que les habitudes qu'il contracte « alors sont les plus dominantes et les plus opé-« ratives de toutes. »

Ces vues décidèrent du genre d'éducation, du procédé d'entraînement qui fut appliqué à John Stuart Mill.

Dès l'âge de trois ans, l'enfant apprit des vocables grecs.

A huit ans, il avait déjà lu dans le texte original Hérodote, la Cyropédie, les Entretiens mémorables de Socrate, une partie de Lucien, de Diogène Laërce, le Démonique et le Nicoclès d'Isocrate, six dialogues de Platon, etc. Il apprit alors le latin.

Il remplaçait le jeu de billes par la lecture de graves historiens : Robertson, Hume, Gibbon,

_____

(1) Voir *Mes mémoires, histoire de ma vie et de mes idées,* par John Stuart Mill, trad. Cazelles, édit. Germer-Baillière. Beaucoup de nos citations sont empruntées à ce livre.

Hook, Rollin, Millar (Considérations sur le gouvernement anglais), etc.; ces lectures remplis-
saient ses heures de récréation.

A huit ans, il apprit le latin en l'enseignant à
une sœur cadette. Il ne garda pas bon souvenir
de cet exercice.

De huit à douze ans, il lut plus ou moins
complètement parmi les latins : Virgile, Horace,
Phèdre, Salluste, Ovide, Térence, Cicéron, Lu-
crèce, et parmi les grecs : Homère, Sophocle,
Euripide, Aristophane, Xénophon, Démosthène,
Eschine, Lysias, Théocrite, Denys d'Halicarnasse,
Polybe. Il dut mettre en tableaux synoptiques la
rhétorique d'Aristote.

Il apprit l'algèbre et la géométrie, il fut mis
ensuite à l'algèbre supérieure et au calcul diffé-
rentiel dont il dut se dépêtrer seul, son père
ayant oublié cette partie des mathématiques.

Entre onze et douze ans, s'aidant de ses lectures, il composa une histoire du gouvernement
romain ; il y discutait les questions constitution-
nelles et prenait parti pour les démocrates de
Rome.

A douze ans, il aborda la logique et les opérations de la pensée.

A treize ans, il fit une étude complète de l'économie politique et rédigea un abrégé assez bon
pour que son père pût l'utiliser par la suite,
quand il écrivit son traité. Pour rédiger son travail il devait faire la critique d'Adam Smith, en
s'éclairant des travaux de Ricardo. A treize ans !!!

Pour qu'un tel surmenage n'aboutît pas à de fâcheux résultats, il a fallu que le maître et l'élève fussent d'une trempe exceptionnelle.

Un détail nous révèle ce qu'était le père. Il n'y avait pas alors de dictionnaire grec-anglais, le père en tenait lieu. Le père et le fils travaillaient dans la même pièce ; c'étaient des interruptions incessantes. James Mill s'interrompait et répondait ; or, c'était le moment où, au milieu de travaux de toute nature entrepris par nécessité pour faire vivre les siens, il préparait son œuvre magistrale : L'histoire des Indes anglaises.

Grâce à l'allure donnée à la pensée de l'enfant, ses facultés étaient toujours en jeu : l'élève devait tout découvrir par lui-même ; les exercices de mémoire étaient bannis. L'intelligence toujours en éveil se développait au cours de l'enseignement. Dès le début, le jeune enfant pensa par lui-même et quelquefois d'une façon différente de son père.

Toute sa vie, John Stuart Mill s'est félicité d'avoir été soumis à cette culture intensive. Il a écrit modestement : « Si j'ai pu accomplir quel- « que chose, je le dois, entre autres circonstan- « ces heureuses, à ce que l'éducation par laquelle « mon père m'a formé m'a donné sur mes con- « temporains l'avantage d'une avance d'un quart « de siècle. »

Il est hors de doute que, grâce à cette éducation, le cerveau de l'élève emmagasina des

ressources et des énergies intellectuelles considérables. Dans l'ordre spéculatif, Stuart Mill a
été un des plus vigoureux penseurs du siècle.
Mais on doit reprocher à la méthode d'avoir né-
gligé les leçons de choses, le contact avec les
réalités, d'avoir aiguisé les facultés de raisonnement mais de n'avoir développé ni le goût des
recherches des faits ni l'aptitude aux observations personnelles.

Autre lacune plus grave, l'éducation n'avait
pas tenu compte des besoins du cœur et avait
évité de donner des aliments à la tendresse et
au sentiment.

La nature prit sa revanche.

Mais ce qui apparut tout d'abord, ce fut qu'à
un âge où les autres jeunes gens avaient à peine
terminé leurs humanités le jeune Stuart Mill
avait conquis la maîtrise de la pensée.

La discipline à laquelle il avait été soumis
avait cependant donné un certain pli à son caractère. On le trouvait, c'est lui qui nous l'a
appris, d'une suffisance fort désagréable, parce
qu'il était tranchant et raisonneur, plein de raideur convaincue, prompt à redresser ce qui lui
paraissait entaché d'erreur.

Quand il fut mis en contact avec d'autres jeunes gens, il fut considéré tout d'abord par eux
comme « un homme artificiel, comme un produit
« de fabrication qui portait comme une marque
« imprimée, certaines idées, et était seulement
« capable de les reproduire. » Et lorsque ses

camarades le virent faire œuvre de dialecticien, faire preuve d'originalité et de souplesse d'esprit leur étonnement fut grand.

Ces allures revêches et cette apparence de machine se dissipèrent au grand air, au frottement de la vie. Mais le procédé d'éducation devait avoir d'autres effets et de particulièrement douloureux. J. Stuart Mill fut atteint jusqu'au plus profond de son être.

Les spéculations de l'esprit éclairent sans réchauffer, et selon le mot de Vauvenargues, le cœur a des besoins que l'esprit ne peut connaître. Stuart Mill avait, à vingt ans, des facultés éminentes et toute une encyclopédie dans le cerveau. Le développement inharmonique de sa nature le laissait vulnérable. Le doux philosophe qui ne savait rien de la vie connut les heures de prostration comme si son cœur eut été flétri ou brisé.

« Son âme, déprimée et comme engourdie, « devint insensible à toute jouissance et à toute « sensation agréable. » Son idéal s'obscurcit. Un jour, il se posa cette question : « Supposé que « tous les buts que tu poursuis dans la vie soient « atteints par toi, que tous les changements dans « les opinions et les institutions dans l'attente « desquels tu consumes ton existence puissent « s'accomplir sur l'heure, en éprouverais-tu une « grande joie, serais-tu bien heureux ? » Une voix intérieure répondit : « Non »; il se sentit défaillir.

Pour peindre son état de souffrance, il a cité
ces vers de Coleridge :

« Une douleur sans angoisse, vide, sourde, lugubre,
« Une douleur lourde, étouffée, calme,
« Qui ne trouve aucune issue naturelle,
« Aucun soulagement dans les paroles
« Ni dans les sanglots ni dans les larmes.

Son cerveau pouvait encore travailler mais
machinalement, et comme en dehors de la
conscience.

« Travailler sans espoir, c'est verser du nectar
« Dans un crible, — et l'espoir qui n'a pas d'objet
« Ne saurait vivre. —

Le jeune penseur, grave et pur, se voyait sur
la même rive d'angoisse et dans la même posture désespérée où le monde avait vu Byron
déchu précoce, désabusé orageux et lyrique.
« L'état d'esprit du poète ressemblait trop au
mien pour qu'il ne me fût pas douloureux de le
lire, » a-t-il écrit dans ses mémoires, « son Childe
Harold, son Manfred fléchissait sous le même fardeau que moi, » et il répétait les paroles que Mac-
beth, chargé de crimes, adresse à son médecin :
« Tu ne peux donc pas traiter un esprit malade,
« arracher de la mémoire un chagrin enraciné,
« effacer les ennuis écrits dans le cerveau, et
« grâce à quelque doux antidote d'oubli, débar-
« rasser la poitrine gonflée du poids qui est sur
« le cœur? »
Il étudiait son mal, y appliquait en vain ses

facultés d'analyste. L'opinion de Carlyle contre l'influence débilitante de l'observation de soi-même lui semblait judicieuse; il apercevait les effets destructeurs de l'esprit d'analyse qui rend clairvoyant mais ruine les fondements de toutes les vertus ; il ne guérissait pas. Son père avait des ressources de tempérament et de vitalité morale acquises au contact de la vie qu'on n'avait pas développées en lui.

Il était convaincu que le plaisir de la sympathie pour les hommes et les sentiments qui font du bien de l'humanité l'objectif de la vie sont la source la plus abondante et la plus intarissable du bonheur, mais il avait beau savoir qu'un certain sentiment lui procurerait le bonheur, cela ne lui donnait pas ce sentiment.

On s'explique pourquoi, dans la suite, le maintien d'un juste équilibre entre les facultés de l'âme lui parut de la dernière importance, et pourquoi la culture des sentiments devint un des points cardinaux de son symbole philosophique.

Un livre français, les Mémoires de Marmontel, commença sa guérison. Un trait l'émut. Une larme chassa l'obsession.

La lecture de Wordsworth lui fit du bien, elle lui fit sentir qu'il y a dans la contemplation tranquille des beautés de la nature un bonheur vrai et permanent, et éveilla en lui une source d'émotions capable de détruire les effets destructeurs de l'habitude la plus invétérée de l'analyse.

La maladie eut ses rechutes. Le surmenage y était-il pour quelque chose ? il eut toujours une affection nerveuse, des tics...

Ce qui est hors de doute, c'est que son cœur fut guéri par l'amitié. Une femme fit ce miracle. Le détail en est tout au long dans le chapitre délicieux des mémoires intitulé « de l'amitié la plus précieuse de ma vie »,

John Stuart Mill eut le bonheur de rencontrer la digne amie qui, du contact de son âme d'élite, devait le ranimer et lui donner la joie de vivre dans le travail fécond de la pensée et l'apostolat de l'idée.

J. Stuart Mill avait vingt-cinq ans quand il vit Mᵐᵉ Taylor qui en avait vingt-trois. Après vingt ans d'une intimité sans tache, Mᵐᵉ Taylor devint veuve. « Rien ne m'empêchait, a-t-il écrit, « de faire sortir de cet événement malheureux « mon plus grand bonheur. Mᵐᵉ Taylor devint, « en 1851, Mᵐᵉ Mill... Sept ans et demi je jouis « de cette félicité. »

Cette union de deux âmes a donné à l'Angleterre un de ses plus grands penseurs et à l'humanité un de ses meilleurs serviteurs.

Nous ne chercherons pas à mettre au creuset la structure mentale de Mᵐᵉ Taylor et celle de John Stuart Mill pour y chercher le secret de leur collaboration.

D'autres ont tenté ce travail, quelques-uns avec malveillance. Mill a été comparé à Narcisse qui admirait en Mᵐᵉ Taylor le reflet de sa pro-

pre pensée. Un éminent publiciste a écrit : « Il
« fallait un Dieu à son âme active, on lui donna
« comme Dieu l'humanité, mais ce Dieu ne lui
« suffit pas toujours, il en trouva un autre dans
« la personne d'une femme. » On a écrit aussi :
« Hercule entre la vertu et le vice, Télémaque
« entre Mentor et Calypso furent moins hésitants
« que John Stuart Mill entre le souvenir de son
« père et Mme Taylor; à la fin, l'influence de la
« femme fut la plus forte et sa machine raison-
« nante recommença à fonctionner sous l'in-
« fluence du socialisme sentimental personnifié
« par Mme Taylor. »

Cette admirable amitié, commencée du vivant
du mari, a paru choquante à de vertueux adver-
saires qui, entre deux critiques acerbes contre
les doctrines du philosophe, ont disserté sur le
cas : « On ne comprend pas, a écrit l'un, que J.
« St. Mill fut fondé à s'affranchir des lois socia-
« les sous le prétexte que la liaison dont il s'agit
« était purement platonique, comme il l'affirme
« et comme on se fait un devoir de le croire...
« Peut-on alléguer sérieusement qu'il est permis,
« à la condition de rester chaste, de donner son
« affection à un autre, d'en faire le principal
« objet de sa vie, de n'avoir avec lui qu'un cœur
« et qu'une pensée, et cela sans porter atteinte à
« sa réputation ou à l'honneur de son mari, sans
« violer enfin la loi morale. Quelques conces-
« sions que l'on doive aux éminences intellectuel-
« les, l'indulgence ne saurait aller jusque-là. »

En France, nous ne ferons pas écho à ces accents indignés. Le spectacle de cette merveilleuse intimité a pour nous un charme profond.

Nous ne demanderons pas à Mme Taylor ou à J. St. Mill un supplément de renseignements : Mme Taylor n'est sortie de sa réserve que pour déclarer modestement qu'elle n'avait en rien collaboré aux œuvres de son mari; d'autre part, John Stuart Mill, quand il parle de sa femme, tombe en extase; il ne juge plus, il confesse sa foi; du fond de son cœur sort un acte d'adoration : « Mme Taylor était la plus admirable per-
« sonne qu'il eût jamais connue; elle approchait
« de l'idéal de la sagesse, son esprit était un
« instrument qui gardait la même perfection
« dans les hautes régions de la spéculation phi-
« losophique comme dans les plus petites affaires
« de la vie, son âme était ardente et tendre, son
« éloquence aurait fait d'elle un grand orateur...;
« ses qualités, si la carrière politique avait été ou-
« verte aux femmes, lui auraient assuré un rang
« éminent parmi les chefs de l'humanité; ... son
« caractère était le plus noble et le plus équi-
« libré, il n'y avait pas trace d'égoïsme en elle,
« elle avait la passion de la justice. »

Dans vingt passages de ses mémoires, il déclare qu'il lui doit l'inspiration de ses meilleurs écrits. A la fin des mémoires, il associe aussi Mlle Taylor, sa belle-fille, à son œuvre, écrivant : « Quicon-
« que, aujourd'hui comme plus tard, pensera à
« moi et à l'œuvre que j'ai faite, ne devra pas

« oublier qu'elle n'est point le produit d'une
« seule conscience, mais de trois. »

Il a attribué à l'inspiration de la femme ce
qu'il considère comme la meilleure partie de ses
Principes d'économie politique, ce qui a trait aux
institutions possibles de l'avenir; c'est elle, selon
lui, qui a inspiré, presque dicté le livre sur *La
liberté*. Il a fait d'ailleurs une déclaration encore
plus nette dans ses mémoires : « Durant la plus
« grande partie de ma vie d'auteur, j'ai rempli
« envers elle un rôle que j'avais d'assez bonne
« heure considéré comme le plus utile que je
« fusse en état de prendre dans le domaine de
« la pensée, celui d'interprète de penseurs ori-
« ginaux et de médiateur entre eux et le pu-
« blic. En effet, j'ai toujours eu une médiocre
« opinion de mes talents comme penseur origi-
« nal, excepté dans les sciences abstraites (lo-
« gique, métaphysique et principes théoriques
« de l'économie politique et de la politique),
« mais je me croyais très supérieur à la plupart
« de mes contemporains par mon empresse-
« ment et mon aptitude à apprendre de tout le
« monde...

« J'avais donc marqué ce rôle comme une
« sphère d'utilité où je me sentais spécialement
« obligé d'employer mon activité...; on com-
« prendra aisément que lorsque je me trouvai
« en communion intellectuelle intime avec une
« personne de facultés très supérieures, dont le
« génie, à mesure qu'il grandissait et se dé-

« ployait dans le domaine de la pensée, faisait
« jaillir des vérités de beaucoup en avance sur
« moi, sans que je pusse y découvrir aucun
« alliage d'erreur... on comprendra que la plus
« grande partie de mon développement mental
« consistât à assimiler ces vérités, et que la plus
« précieuse partie de mon travail intellectuel
« se réduisît à établir des ponts, à ouvrir des
« passages qui les missent en communication
« avec mon système général de pensées. »

On voit par ces passages (1) quelle posture
veut prendre au regard de la postérité le plus
modeste et le plus épris des philosophes.

Mais quoi! les œuvres sont là. Leur genèse
est enveloppée dans le mystère d'un tête à tête
bienheureux; à quoi bon percer le mystère?

Quand nous admirons une rose nous ne nous
demandons pas si c'est à la nature intime de la
plante ou au soleil qui l'a fait éclore que nous
sommes le plus redevables de son éclat et de son
parfum.

Mᵐᵉ Taylor mourut la première. Elle re-
pose dans le Comtat-Venaissin, aux environs de
la fontaine de Vaucluse qui déjà a souri à un
amour immortel, celui de Pétrarque. Un tou-
riste a confié aux lecteurs, que, faisant un jour
un pèlerinage à la fontaine et s'étant exalté jusqu'à dire des vers du poète il avait remarqué
un grave Anglais qui souriait avec sympathie à

(1) Extraits des *Mémoires*.

son lyrisme. Ce grave Anglais, c'était J. Stuart Mill qui, comme un écho de ses souvenirs, écoutait les sonnets inspirés par la belle Laure.

Sur le tombeau de sa femme Mill fit mettre l'inscription suivante qui n'étonnera pas après ce qu'on vient de lire :

« Son cœur grand et aimant, son âme noble, son intelligence claire, puissante, originale et encyclopédique firent d'elle le guide et le soutien, l'instructeur en sagesse, et l'exemple en bonté, alors qu'elle était déjà le seul plaisir terrestre de ceux qui avaient le bonheur de lui appartenir. Aussi sérieuse pour tout bien public qu'elle était généreuse et dévouée pour tous ceux qui l'entouraient, son influence a été sentie dans beaucoup des plus grands perfectionnements du siècle, et le sera dans ceux encore à venir.

« S'il y avait même peu de cœurs et d'intelligences comme les siens, cette terre serait déjà devenue le ciel espéré. »

II

L'éducation de John Stuart Mill avait, nous l'avons déjà remarqué, fait de lui un analyste et un dialecticien de premier ordre, et l'avait peu préparé au rôle d'observateur.

L'idée qu'on se faisait d'un benthamiste : une machine à raisonner, était vraie en ce qui le concernait : c'est lui qui nous l'a dit ; il aurait coupé des fils avec des scolastiques. La chimie elle-même lui avait été enseignée sans expériences.

Une telle culture qui le rendait propre aux recherches spéculatives semblait l'avoir disposé à mal accueillir de nouveaux apports de connaissance et le prédestiner à être un doctrinaire. La méthode comportait cependant des germes de progrès et d'évolution : l'éveil de l'esprit, la sincérité, l'amour de la vérité, le goût et le désir ardent de tout savoir.

Le champ de ses observations personnelles a cependant toujours été fort restreint ; il a noté son passage à la Compagnie des Indes pour les enseignements qu'il en avait tirés relativement au gouvernement des hommes, et dans son âge mûr il s'est félicité de l'occasion qu'il eut dans la courte période électorale qui précéda son élection de se trouver en contact avec des personnes de diverses classes.

Ce furent des livres, dont les principaux ont été écrits par des Français, qui sollicitèrent sa pensée et furent les agents actifs de ses progrès intellectuels.

Le cerveau du fils fut d'abord sous bien des aspects comme une seconde épreuve de celui du père. J.-S. Mill a appelé son père, qui l'avait formé à son image, le dernier des philosophes du dix-huitième siècle. Les grands rationalistes du siècle dernier ont été les précurseurs et les maîtres du nôtre, les uns par leurs vives cri-

tiques, les autres plus directement parce qu'ils
se réclamèrent de l'expérience, mais à ceux-là
même qui voulurent édifier sur la base de l'observation, les matériaux manquèrent, de là le
dosage de leurs écrits : peu de faits, beaucoup
de théories. Sur la base de quelques concepts,
pris dans le courant de l'observation, ils ai-
maient à construire des édifices magnifiques,
des cathédrales non de pierre, mais d'idées.

Leur suprême effort tendait à mettre l'unité
et l'harmonie dans l'ensemble de leurs systèmes
rudimentaires de logique, de psychologie, de
politique, d'économie.

John Stuart Mill eut ainsi dès le début son
système où tout se tenait. A chaque acquisition
nouvelle d'idée, si l'apport ne cadrait pas avec
l'édifice ancien, il éprouvait un trouble véritable; il se produisait une crise dans ses idées,
vite il remaniait le tout pour rétablir l'harmonie. Comme il a noté toutes les phases essentielles de ses progrès nous pouvons aisément
suivre les étapes de son évolution. Nous savons
comment et sur quels points il modifia son
premier credo, de quels côtés son horizon s'é
largit, à quel moment il éprouva des inquié-
tudes sur la valeur de ses premières méthodes
scientifiques.

James Mill le père était un esprit suffisamment
vigoureux, personnel et original pour qu'on ne
pût dire qu'il était le disciple de Bentham, mais
sa pensée avait évolué dans le même ordre.

**

d'idées que celle de son illustre ami et l'avait souvent conduit aux mêmes conclusions. L'éducation de son fils John Stuart Mill fut en un sens un cours de benthamisme; on lui enseigna à appliquer le criterium de Bentham, la notion « du plus grand bonheur. »

La lecture du résumé français des principales doctrines de Bentham par Dumont clarifia et fortifia en lui ces premières tendances. Ces doctrines, quoiqu'il les eût à l'état confus dans son cerveau, le frappèrent alors avec toute la force de la nouveauté. Il fut surtout impressionné par le chapitre où Bentham portait un jugement sur les modes de raisonnements communément usités en morale et en législation et déduits d'expressions telles que « les lois de la nature », la droite raison, » « le sens moral », la rectitude naturelle », etc. Bentham y montrait que ces raisonnements ne sont autre chose qu'un dogmatisme déguisé, avec lequel on impose ses sentiments à autrui en ayant l'air de sonder des formules qui ne rendent pas raison du sentiment moral, mais qui n'ont pas d'autre raison que ce sentiment.

Le *principe de l'utilité*, compris comme Bentham le comprenait et appliqué comme il l'appliquait, donna l'unité à ses conceptions des choses. « Dès lors, a-t-il écrit, j'eus des opinions, « une croyance, une doctrine, et dans le meil- « leur sens du mot, une religion, de la démons- « tration et de la propagation de laquelle

« pouvais faire le principal objectif de ma vie. »

Il n'y eut point de cristallisation dans son cerveau. Il n'en resta pas à cette formule et plus tard, après quelques étapes de pensées, il écrira : « L'idée naturelle d'un esprit supérieur tout « comme la première leçon de la science et de « la vie, c'est que nul principe, si grand qu'il « soit, ne peut contenir et résoudre à lui seul « une question politique, je dirais volontiers une « question humaine. »

La vie de Turgot l'aura alors guéri de ses folies de sectaire et ses méditations l'auront conduit à un point où il évitera d'aborder certaines questions avec son père, tant certaines divergences lui sembleront profondes. Cependant même alors il se réclamera de son ancienne école, en ayant gardé beaucoup de vues essentielles. Il pensait d'ailleurs avec Platon que le titre de disciples d'un maître appartenait bien mieux aux penseurs qui se sont nourris de son procédé de recherche et qui se sont efforcés d'en acquérir le maniement qu'à ces autres qui se distinguent seulement par l'adoption de certaines conclusions dogmatiques.

Dans cette seconde phase de son évolution la façon dont il parle de Carlysle est également fort symptomatique.

Carlysle s'est peint dans un personnage dont il décrit ainsi les procédés de recherche : « Sa « méthode n'est jamais celle de la vulgaire lo- « gique des écoles, où toutes les vérités sont

« rangées en file, chacune tenant le pan de
« l'habit de l'autre, mais celle de la raison pra-
« tique, procédant par de larges intuitions qui
« embrassent des groupes et des royaumes en-
« tiers systématiques ; ce qui fait régner une
« noble complexité presque pareille à celle de
« la nature dans sa philosophie; elle est une
« peinture spirituelle de la nature, un fouillis
« grandiose, mais qui, comme la foi le dit tout
« bas, n'est pas dépourvue de plan ».

La logique des écoles que raille Carlysle avait
été et était peut-être encore celle de J.-St. Mill.
Cependant Mill ne parle pas de Carlysle avec
le ton de raideur convaincue qui lui était
propre quand il avait vingt ans, et qu'il relevait
des opinions qui lui paraissaient entachées d'erreur. Il écrit : « Carlysle était poète et je ne
« l'étais pas, il découvrait avant moi bien des
« choses que je ne pouvais voir qu'après qu'on
« me les avait montrées, et que j'étais parvenu
« en tâtonnant à les prouver ; très probable-
« ment il en voyait qui étaient invisibles pour
« moi-même après qu'on me les avait mon-
« trées. Je savais que je ne pouvais faire le tour
« de Carlysle, et je n'étais pas sûr de voir plus
« haut que lui... J'attendais qu'il me fût ex-
« pliqué par quelqu'un qui fût supérieur à nous
« deux.

John Stuart Mill n'eut pas tout d'abord conscience de la révolution qui se faisait dans sa
manière de penser et dans ses idées.

Ce fut d'une attaque véhémente de Macaulay contre l'essai sur le gouvernement de James Mill que vint la révélation.

Macaulay reprochait à la doctrine de Bentham et de James Mill d'être une théorie, de procéder *à priori*, au moyen de raisonnements, au lieu d'employer l'expérience baconienne et il montrait que la base même en était étroite, que les prémisses de James Mill ne formaient qu'un petit nombre des principes généraux qui produisent des conséquences importantes.

James Mill répondit en accusant Macaulay d'avoir dirigé une attaque irrationnelle contre la faculté du raisonnement, de fournir un exemple de l'aphorisme de Hobbes que lorsque la raison est contre un homme, un homme est contre la raison. C'était ne pas répondre, aux yeux de son fils, John Stuart Mill, en prenant connaissance des diverses écoles de gouvernement, avait bien déjà aperçu l'insuffisance de la doctrine benthamiste qui laissait en dehors d'elle un grand nombre de faits. Mais il pensait qu'il suffirait d'y faire quelques retouches. Il ne pensait pas qu'il y eût lieu de mettre en question le principe du procédé de recherche. Ce fut précisément ce que lui montra l'argumentation de Macaulay. Ce fut pour lui une révélation douloureuse.

Il ne donna pas cependant raison à Macaulay. Il réfléchit et ses méditations le conduisirent aux conclusions développées dans les chapitres

de la logique qui sont relatifs aux sciences morales.

La conclusion de John Stuart Mill fut que
James Mill et Macaulay avaient tort tous les
deux. La méthode en politique ne lui semblait
pas comparable à la méthode purement expé-
rimentale de la chimie comme le prétendait
Macaulay, ni à la méthode de la géométrie
comme le prétendait James Mill, mais bien à la
méthode déductive de la physique.

Cette conclusion ne paraît plus aujourd'hui
très claire.

La physionomie des sciences a changé.

En chimie on emploie la déduction en vue
de conclure à des applications pratiques, et
aussi dans un but scientifique de recherche ou
de contrôle pour découvrir de nouveaux aspects des choses en rapport avec ce que l'on
sait déjà. Quant à la physique, science déductive, ne serait-ce pas celle dont M. Berthelot a
célébré l'agonie dans son éloge du physicien
Regnault, le si ingénieux expérimentateur ?
« Avant lui, a-t-il dit, chaque physicien, accou-
« tumé par Laplace et Fourier à la rectitude arti-
« ficielle des représentations mathématiques,
« s'efforçait de tirer de ses recherches quelque
« expression générale, qu'il proclamait aussitôt
« une loi universelle de la nature. Regnault a
« concouru plus que personne à faire disparaître
« de la science de telles conceptions absolues
« pour y substituer la notion de relations ap-

« proximatives vraies seulement en certaines
« limites, au delà desquelles elles se transfor-
« ment ou s'évanouissent. »

Nous pensons que Mill à cette époque estimait
que les sciences politiques relevaient du même
procédé de recherches que les sciences physiques du temps de Fourier et de Laplace. On
voit le point où la thèse est vulnérable et ce
qu'on peut y répondre : la science physique a
modifié sa marche; les sciences morales et politiques prendront de même une autre allure.

Toutes les sciences d'observations suivent le
même chemin, à la première étape elles sont
toutes pleines d'axiomes fondamentaux, de conclusions hors de proportions avec leurs prémisses; leurs adeptes parlent haut comme des
révélateurs. (Moins on sait plus on généralise
vite.) Cependant le défrichement continue, de
nouveaux côtés des choses sont mis en lumière,
les systèmes apparaissent alors incomplets et
vieillots; les fidèles les restaurent, les dissidents
en construisent d'autres ; on ne perd pas dès le
premier jour le goût de ces édifices. Cependant la foi en eux s'en va à mesure qu'ils parais-
sent de plus en plus éphémères. Puis le goût
se perd de ces théories qui ne sont vraisem-
blables qu'un jour ; on touche au rivage de la
mer positive, et l'on s'aperçoit que ce qu'on sait
le mieux c'est qu'on sait très peu de choses.

Les sciences morales et politiques ne sont pas
au but ; mais l'imperfection de leur outillage de

recherche ne prouve rien relativement à leur
méthode définitive, ce n'est qu'une indication
sur leur peu d'état d'avancement. Elles sont
hérissées de principes, de lois de nature, que
l'on rédige en formules de catéchismes dans
les manuels, que l'on érige en apophtegmes
sauveurs dans les polémiques ; elles ont même
des amis qui les compromettent au point de
leur attirer de sévères mercuriales comme celles
de M. Cliffe Leslie, l'ami de J.-St. Mill : « Au-
« cune branche du savoir humain n'est plus
« imprégnée de ce réalisme de l'école scolastique
« du moyen âge qui attribuait une existence
« réelle à des notions générales et abstraites,
« c'est-à-dire à des mots. »

M. Cliffe Leslie exagère cependant. C'est la
littérature économique et non la science qui a
ce mauvais vernis. Les littérateurs ont besoin
de motifs pour exécuter leurs variations. Il
leur faut quand même des conclusions, ce sont
eux qui attribuent une existence réelle aux aperçus présentés comme provisoires par le petit
nombre des hommes de science. Les économistes
se sont toujours réclamés de l'observation et de
l'expérience ; et dans les déviations nous aperce-
vons plutôt des questions de tempérament personnel, d'insuffisance technique que de méthode.

Où s'arrêta J.-St. Mill dans son évolution ?

M. E. de Laveleye a écrit que les critiques de
M. Cliffe Leslie modifièrent les vues de J.-St.
Mill sur la méthode.

Aucun document ne permet de dire qu'il ait modifié sensiblement la doctrine contenue dans la logique.

La défaveur de l'ancienne méthode ébranlait le système de philosophie qui était son œuvre; vers quelle rive Mill mit-il à la voile: « Si l'on me demandait, ajoute-t-il, quel système de philosophie je substituais à celui que j'avais abandonné en tant que philosophie, je répondrais que je n'en substituais aucun; seulement j'étais convaincu que le véritable système était beaucoup plus complexe, présentait beaucoup plus de faces que tout ce dont j'avais eu l'idée jusqu'alors. »

Les grandes lignes de l'évolution de John Stuart Mill nous sont maintenant connues. Tout d'abord adepte de la méthode déductive, seule pratiquée par son père James Mill et Ricardo, il préconisa par la suite une façon de traiter les problèmes de sociologie presque exclusivement inductive et analytique; d'abord orthodoxe en économie politique, il alla ensuite planter sa tente sur les frontières près des hérétiques; après avoir cru à la vertu de quelques formules simples, il en vint à penser que la sagesse était au fond de la parole d'Hamlet : il y a plus de choses sur la terre et dans les cieux qu'il n'y en a d'écrit dans les livres.

III

Si l'on voulait juger équitablement John Stuart

Mill comme économiste, il conviendrait d'apprécier non seulement son œuvre doctrinale, mais aussi sa propagande et ses actes publics. C'est principalement son livre de science, ses *Principes d'économie politique*, que nous entendons faire connaître en cet ouvrage.

Malthus et surtout Ricardo sont les deux premiers maîtres de sa pensée en économie politique.

En comparant Ricardo et Mill, on peut assez bien marquer ce qu'est l'apport de Mill dans le domaine économique. Sa pensée cependant n'a pas seule créé cette part originale de doctrine, il s'est inspiré des meilleurs écrits des maîtres, et a même puisé à des sources réputées impures par les orthodoxes, aux écrits dissidents, notamment à ceux des Saint-Simoniens. Mais il a tout repensé par lui-même, émondé, amendé, refondu et amalgamé, procédant avec scrupule, regardant tout changement important comme un événement de sa vie intellectuelle, ne se tenant pour satisfait que lorsqu'il avait harmonisé les nouveaux contingents de pensées avec le fond de ses idées antérieures.

On verra par la suite que son analyse a singulièrement élargi le champ de la science, qu'il a renouvelé la matière par des procédés d'investigations qui, pour n'être pas ceux de la méthode positive, n'en ont pas moins une haute portée comme résultats, en ce sens qu'ils auront montré l'importance, la nécessité d'éclairer toute controverse sur la rente, la propriété ou les échanges, par des observations préalables sur le mécanisme de la production des richesses, les organes naturels ou institués de la distribution des richesses, etc.; en ce sens aussi qu'ils auront fait voir qu'il y a plus de choses, en ces sujets complexes, que semblaient en soupçonner des écrivains qui faisaient autorité.

Il s'est notamment appliqué, avec un soin extrême, à rechercher et à mettre en lumière les rapports de l'économie politique avec d'autres branches de connaissances humaines, et à tirer des applications en vue des sciences administratives et politiques des faits démontrés en économie politique.

Si, maintenant on voulait, non plus faire apercevoir l'étendue, les limites, les aboutissants de l'œuvre de Mill, mais la juger d'un mot, on pourrait éprouver quelque embarras. Qu'est-il? économiste ou socialiste?

Si l'on procédait avec parti pris, on pourrait, de ses principes, tirer deux livres fort distincts, l'un serait un gros ouvrage orthodoxe, monument remarquable d'économie politique classique; l'autre, moins volumineux, pourrait servir de livre de chevet aux adeptes du socialisme d'état.

Quelques économistes, et non des moindres, ont loué avec sincérité la plus grande part de l'œuvre de Mill, celle qui leur a paru de bon aloi, et admiré ce rajeunissement de la doctrine

par des recherches neuves, la division heureuse de sujets, une exposition pleine de clarté
et de largeur; ils se sont voilé la face devant
d'autres parties qui leur ont paru suspectes, parasites, condamnables.

Avaient-ils le droit de séparer ce que l'auteur
avait joint, de faire deux parts de la pensée du
philosophe, de suivre Mill jusqu'à un détour de
la route, et de refuser d'aller plus loin? Oui,
sans doute, ils avaient ce droit; John Stuart
Mill lui-même en a usé pareillement à l'égard
d'Auguste Comte. Après avoir parlé des premiers écrits du grand positiviste, comme un disciple parle des œuvres d'un maître, il en a jugé
sévèrement quelques autres. Il a comparé la
conception politique d'A. Comte à celle d'Ignace
de Loyola. Cette indépendance de jugement est
louable; en l'imitant, on ne peut encourir les
blasphèmes des admirateurs de Mill.

Les aperçus jugés parasites ou suspects par les
uns ont été, au contraire, accueillis comme une
manne par d'autres. Quelle force cela fut pour
certaines doctrines! On ne pouvait reprocher à
J. Stuart Mill d'ignorer l'économie politique, de
n'avoir pas médité sur la fonction du capital,
sur les lois de l'offre et de la demande, sur la liberté des contrats ou les vertus des énergies individuelles, et pourtant Mill avait présenté des
conclusions socialistes. Et pour légitimer cette
prise de possession de Mill, on a pu citer, outre
des chapitres des principes, des actes publics,

des passages de son *Autobiographie*, et jusqu'à la propagande en faveur des thèses d'extrême socialisme, poursuivie aujourd'hui encore par Mᴵˡᵉ Taylor, la belle-fille de J. St. Mill, son disciple, la confidente de ses dernières pensées.

Comme l'homme entre deux maîtresses, dont le bonhomme Lafontaine nous a conté l'aventure, qui aurait pu perdre jusqu'à son dernier cheveu, tant chacune de ses amies mettait d'entrain à lui arracher les cheveux qui lui déplaisaient, Stuart Mill courrait le risque de sortir fortement mutilé d'une entreprise où économistes et socialistes se proposeraient de faire le tri des bonnes et des mauvaises doctrines.

L'œuvre de Stuart Mill subira le sort commun. Les analyses judicieuses resteront dans le courant de la science. Plus d'une prendra place parmi les matériaux définitifs qui entreront dans la construction scientifique de ce temps, et, de toutes les façons, son œuvre représentera un des monuments de la science.

Quant aux conclusions, aux conjectures, elles tiendront moins de place dans l'avenir que dans le présent.

L'œuvre de tout homme de science a la même destinée. Tout chercheur aime à joindre, à ses découvertes originales, quelques thèses et comme une vue propre de philosophie. A perdre de vue un instant le terrain des faits, il semble éprouver une joie profonde, comme à monter sur la haute montagne d'où l'on voit l'avenir, d'où l'on découvre la terre promise.

La postérité n'a pas les mêmes entraînements; elle recueille les analyses et les observations positives, et laisse l'oubli planer sur les thèses aventurées, fruits pourtant chéris, quelquefois même préférés de la pensée des auteurs, objets des polémiques passionnées des contemporains.

IV

Le premier livre des *Principes d'économie politique* est consacré aux agents de la production. Le livre mémorable d'Adam Smith débute par une étude sur la division du travail; le premier chapitre de Ricardo a trait à la théorie de la valeur; J. St. Mill a pensé qu'avant d'étudier la richesse, il convenait de préciser autant que possible la nature et le caractère des agents qui concourent à la produire.

Le caractère de cette première partie est pour ainsi dire purement technique. Mill s'est rapproché des procédés d'investigation employés en biologie, où la route qui mène à toute question est éclairée au préalable par des recherches d'anatomie et de physiologie.

Le second livre traite de la répartition des richesses. Avec lui, nous entrons sur un terrain brûlant. Les problèmes de répartition sont, au fond de toutes les difficultés, des questions sociales. Comme l'a écrit M. Baudrillard : « Le

« sang des guerres civiles a coulé en leur nom,
« là le riche et le pauvre se sont rencontrés,
« selon le mot de l'Écriture ».

La différence entre les matières qui font
l'objet des livres I et II a été caractérisée par
J. St. Mill à un autre point de vue.

Pour effectuer toute production, il faut le
concours du capital et du travail; tel est l'ordre
naturel des choses que les économistes consta-
tent, et contre lequel aucune volonté humaine
ne peut rien. Quand nous étudions la répartition des richesses, nous rencontrons des arrangements sociaux qui sont l'œuvre du législateur.
Ces arrangements sont-ils adéquats à un ordre
naturel des choses. Tel est le point sur lequel
Mill a pris nettement parti. Il ne voit point, à ces
arrangements, de caractère de nécessité et de
fatalité, et il pense qu'une théorie, qui tend à
les assimiler à des phénomènes d'ordre naturel,
est contraire à tout ce que l'on sait.

L'histoire du droit, des règles et des idées qui
ont inspiré les législateurs ou créé des coutumes, jette de grandes clartés sur ces questions.
Mais cette partie de l'histoire n'était pas, à l'époque où Mill écrivait, arrivée à l'état d'avancement où elle est de nos jours. C'est aux Saint-
Simoniens qu'il dut, nous a-t-il dit dans son
Autobiographie, des vues essentielles. Ils lui
montrèrent « une théorie nouvelle des progrès
« de l'esprit humain, une humanité qui se trans-
« forme suivant des lois... la théorie des trois

« états... » et ailleurs il dit : « Le principal
« profit que je tirai de cette lecture fut que je
« possédai une conception plus claire que ja-
« mais des caractères d'une période de transi-
« tion, et que je cessai de prendre les caractères
« moraux et intellectuels de cette période pour
« les attributs normaux de l'humanité... Ils con-
« tribuèrent, par leurs écrits, à m'ouvrir les
« yeux sur la valeur qu'avait eue, en son temps
« et pour son temps, la vieille économie politi-
« que, qui admet que la propriété et le droit à
« l'héritage sont des faits indéfectibles... »

On voit quel argument Mill tenait en réserve,
contre ceux qui auraient cherché à lui démontrer la force d'une institution, en s'appuyant sur
les mobiles ordinaires des actions humaines; il
aurait répondu : « La nature humaine se trans-
forme ».

Nous retrouverons ces vues au livre quatrième; mais, à propos du livre II, nous notons
leur rapport avec les phénomènes qui concer-
nent la distribution des richesses, la rente, la
propriété, l'héritage. L'étude de ces arrangements sociaux ne peut être bien faite que par
ceux qui ne les regardent pas comme des faits
indéfectibles.

A plusieurs reprises, Stuart Mill insiste sur le
caractère d'évidence qu'a une distinction, entre
deux ordres de phénomènes que confond le
« commun des économistes ».

Les études qu'il présente dans ce livre

deuxième, sur la rente, les modes de fermage, la propriété, contiennent en germe quelques-unes des propositions qu'il fit par la suite, entre autres les mesures propres à favoriser l'établissement de la petite propriété en Irlande, etc. Sans nul doute, les solutions proposées de nos jours par M. Gladstone, pour la question irlandaise, sortent du même courant de pensées que les doctrines de Mill.

C'est là également qu'il faut aller chercher la base de son projet de rachat des propriétés, dont il sera parlé à propos du livre quatrième.

Il y a également, dans ce second livre, entre autres chapitres remarquables, ceux qui sont relatifs aux salaires. Le Malthusien y reparaît avec cet aphorisme : Il n'y a pas d'autre sauvegarde, pour les salariés, que la restriction du progrès de la population; l'économiste s'y livre à une critique judicieuse des remèdes populaires contre l'abaissement des salaires, le minimum légal de salaire avec garantie de travail, le système de subvention, etc.

Le troisième livre embrasse la matière qui a fait le plus ordinairement l'objet des études des économistes; on pourrait presque détacher et publier, comme un volume d'économie politique, ces trois cents pages qui traitent de l'échange, de l'offre et de la demande, de la valeur, de la monnaie, du crédit, etc.; il serait remarquable par l'ampleur de l'exposition, et par le soin qu'a pris l'auteur d'éclairer les alentours de chaque question.

***

Le livre quatrième est intitulé *De l'influence des progrès de la société sur la production et la distribution.*

A mesure que la civilisation se développe, les sociétés se transforment, l'outillage industriel se modifie, certains arrangements entre le travail et le capital tendent à prédominer à l'exclusion de certains autres, la population croît. Quelle perturbation vont amener l'entrée en scène des facteurs nouveaux et les modifications d'équilibre entre les éléments anciens de l'organisme social? Quelle sera l'influence de cette rénovation sur les phénomènes économiques, sur les valeurs et les prix, sur les rentes, les profits et les salaires? Tel est l'ordre de recherches dans lequel nous entrons avec le quatrième livre.

Pour mieux marquer la différence de ces études avec les premières, J. Stuart Mill a fait observer qu'elles visaient des phénomènes dynamiques, puisque leur objet était les sociétés considérées en temps qu'elles sont en mouvement. Par opposition, la statique de l'économie politique comprend l'étude descriptive des faits sociaux et de leurs effets, considérés sans tenir compte des modifications qu'ils ont subies ou peuvent subir dans le temps.

Cette distinction rarement faite se réfère à un procédé d'analyse parfaitement légitime et très fécond. Elle guidera les chercheurs futurs.

En cherchant ce que le progrès des temps

nous apporte, on s'oriente du côté de l'avenir.

Où nous portent les courants de l'activité humaine? vers quels biens ou vers quels maux vont-ils nous conduire? pouvons-nous quelque chose pour améliorer notre sort ou celui de nos semblables? comment faut-il nous aider pour que la fortune nous aide? demain sera-t-il plus souriant qu'aujourd'hui?

En suivant cette pente, J. St. Mill a été conduit à son chapitre favori sur l'avenir probable des classes laborieuses dont la conclusion essentielle est que le bien-être à venir des classes laborieuses dépendra surtout de leur culture morale, de leur transformation intellectuelle qui les rendra aptes à coopérer à un ordre de choses nouveau.

Cette conclusion, qui assigne comme but des progrès futurs des conditions économiques radicalement différentes des nôtres, des arrangements sociaux nouveaux, mis en action par une humanité aux caractères moraux perfectionnés, est en parfait contraste avec les vues de l'école économiste.

Comme notre devoir est de faire comprendre J. Stuart Mill, nous allons marquer le lien qui relie cette doctrine à ses idées en psycologie et en logique.

Nous avons déjà noté ce qu'il avait acquis des saint-simoniens : les sociétés se transforment radicalement, mais progressivement; nous sommes dans une période de transition; les arrangements sociaux sont modifiables; les caractères moraux et intellectuels sont grandement perfectibles, etc.

Ses études personnelles en psychologie et en logique l'avaient également préparé à de telles conclusions. Ce n'est pas la lecture des saint-simoniens, mais Bentham d'abord et son propre fonds de pensées qui l'a amené à rejeter ce que son ami Austin appelait plaisamment « les principes universels de la nature humaine des économistes ». Il aurait dû dire de certains économistes.

Qu'est son système de logique, son œuvre peut-être la plus éminente? c'est le manuel de la doctrine qui fait dériver toute connaissance de l'expérience et toutes les qualités morales aussi bien qu'intellectuelles de la direction donnée aux associations des faits de conscience.

Et dans son *Autobiographie*, il a très fortement indiqué l'importance, au point de vue des études sociologiques, des théories sur la formation des idées, des sentiments et des caractères, il a déclaré qu'il y avait une hostilité naturelle entre le réformateur et une philosophie qui ne veut pas qu'on explique les sentiments et les faits moraux par les circonstances et l'association, qui préfère les considérer comme des éléments premiers de la nature humaine.

Et dans la suite, pourquoi se jette-t-il dans la mêlée pour combattre la philosophie d'Hamilton?

« C'est parce qu'il voyait se dresser devant les
réformes une philosophie qui se fait un devoir
de donner ses doctrines favorites comme des
révélations de l'intuition,... parce qu'il regardait
comme funeste la tendance à regarder les éléments des caractères humains comme innés et
indélébiles, qu'il croyait que cette tendance est
un des principaux obstacles qui empêchent de
traiter les grandes questions sociales d'une manière rationnelle et est la plus grande pierre
d'achoppement des progrès de l'humanité.

Par là l'on voit que son système, tout conjec-
tural qu'il soit, n'est pas sans reposer sur un
fond solide. Ce n'est pas le hasard d'une lecture
qui l'a amené à partager la foi de Pestalozzi
dans l'éducation.

Le livre cinquième traite *Du rôle du gouvernement.*

De tout temps le brocard favori des économistes a été : laissez faire, laissez passer. Cette
devise a flotté sur la bannière des grands com-
bats. Mill dit bien que le laisser faire est la règle
générale, mais il insiste sur les « exceptions
considérables ».

Nul mieux que lui n'a su dire cependant qu'il
faut réserver à toute individualité un certain
domaine qui doit être à l'abri de toute intervention indiscrète de l'autorité, que la bourse des
citoyens ne mérite pas de moindres égards que
leur conscience. Il n'ignore pas que tout ce qui
ajoute aux fonctions du gouvernement ajoute à

sa puissance, et qu'il faut limiter les attributions
du gouvernement dans l'intérêt des libertés publiques; il sait que la multitude des fonctions
ajoute à la confusion et à l'éparpillement des
responsabilités : il a montré ce qu'il y a de fondé
à prétendre que l'action des particuliers est plus
clairvoyante que celle de l'État : il a développé
avec force la nécessité de cultiver les habitudes
d'action collective principalement dans un pays
démocratique.

Malgré tout, il penche vers une extension des
attributions de l'État.

Mais, avant d'indiquer les cas selon lui légitimes d'intervention de l'État, il a tenu à fortement développer les objections générales à cette
intervention comme pour mettre en garde le
lecteur et l'avertir qu'il s'aventurait sur un terrain dangereux.

Par la suite, craignant sans doute de n'avoir
pas assez fait, il écrivit son beau livre sur *la
Liberté*. Ayant traité dans *ses Principes* des devoirs de l'État, il tint à revendiquer dans un
livre spécial les droits de l'individu.

La *Liberté* est un des meilleurs écrits du temps.
Il devrait toujours être joint aux écrits de Stuart
Mill sur le rôle du gouvernement, il jouerait le
rôle d'antidote.

Ses vues sur le rôle de l'État le menèrent assez loin dans une certaine phase de sa vie. Par
réaction contre certaines choses de son pays, il
vogua un moment à pleines voiles vers le socia-

lisme d'État. Ce fut la lecture de Tocqueville qui le guérit partiellement de cet accès de centralisation.

Il a déclaré dans son *Autobiographie* que sans les leçons de Tocqueville, peut-être se serait-il laissé entraîner vers des thèses centralisatrices en opposition avec ce qu'il appelle le préjugé contraire qui régnait dans son pays.

Tocqueville lui rappela que l'exercice libre de l'activité du citoyen était le seul moyen de faire l'éducation des sentiments sociaux et d'habituer aux affaires l'intelligence du peuple, le seul remède de quelques vices caractéristiques de la démocratie, l'unique moyen qui préserve une démocratie d'aboutir à l'unique forme de despotisme qui, dans le monde moderne, soit un danger réel, le gouvernement absolu du chef du pouvoir exécutif sur un troupeau d'individus.

La forte démonstration de Tocqueville ébranla J. St. Mill, mais ne le ramena pas. Il chercha la solution dans une sorte de compromis.

Son incursion sur le domaine du socialisme d'État reste mémorable par son projet sur le rachat des terres, qu'on doit citer pour mettre en garde contre ces sortes d'entraînement.

Mill était parti de la théorie de la rente. Il avait successivement adopté les propositions suivantes : il y a dans le revenu du propriétaire un élément qui ne représente ni les frais de production, ni les avances du capitaliste. Cet élément, c'est la rente (formule de Ricardo).

Cette rente tombe comme un don du ciel, un bon lot tiré à la loterie, il n'y aurait pas d'iniquité à ce qu'elle n'existât pas au profit du propriétaire. Avec les progrès de la civilisation, cette rente augmente d'une façon permanente ; ce serait un bien d'assurer à l'État, à la collectivité le bénéfice de cette augmentation. Rachetons les propriétés. Au lieu d'un revenu foncier sans cesse grandissant les propriétaires auront un revenu mobilier, mais fixe.

Trois points sont à considérer dans cette thèse : 1° l'analyse statique qui démontre la nature et le caractère de la rente ; c'est, suivant Mill, le pont aux ânes de l'économie politique ; 2° l'étude dynamique de la rente, des causes qui, avec les progrès de la civilisation, la font varier ; 3° les voies et moyens, les procédés d'application.

Sur le second point, Mill s'est trompé. Il avait sa doctrine. Il croyait savoir de science certaine les causes de cet accroissement de la rente et pourquoi cet accroissement serait continu.

Ses vues étaient fausses. Si le rachat avait eu lieu, comme pour des causes non prévues par Mill, l'accroissement ne s'est pas réalisé, l'opération eût été désastreuse.

Si en France, à l'époque de la prospérité des vignobles, quelqu'un eût fait adopter semblable mesure, l'apparition du phylloxera aurait causé une crise qu'on imagine à peine.

Mais il y a autre chose à retenir dans ce projet qu'une erreur d'analyse et ses conséquences possibles.

Ce qui paraîtra le plus étonnant, c'est qu'un esprit aussi ouvert que Mill ait cru à l'infaillibilité de son analyse, qu'il n'ait pas eu soupçon des lacunes de son savoir, qu'il n'ait pas su que sa science favorite n'était qu'à l'état d'ébauche, et que, sur un coin d'organisme social entrevu, il ait échafaudé toute une reconstruction, un bouleversement général.

Si le socialisme d'État est une machine redoutable, combien plus est-il dangereux quand il s'éclaire des lueurs fort troubles d'une science qui naît.

L'histoire des autres branches du savoir humain devrait nous rendre prudents. En médecine, nous avons vu de fréquents changements. A chaque pas de la biologie et de la chimie, nous avons vu naître des thérapeutiques nouvelles, des remèdes infaillibles pendant quelques mois. Comme la médecine n'est pas obligatoire et que les docteurs varient leurs ordonnances, l'humanité n'en est pas morte.

Mais qu'adviendra-t-il si, à chaque analyse nouvelle, à chaque défrichement en sociologie, on veut instituer une médication sociale, et si on peut expérimenter sur toute une nation, grâce au socialisme d'État?

Le projet de Mill était critiquable à un autre point de vue, à celui des voies et moyens. Comment eût fonctionné le bureau gouverne-

mental chargé de la mise en action de cette réforme? Un ami de Mill, M. Thorold Rogers (1),
se l'est demandé; il a supputé les frais d'administration, les tracasseries, les vexations, il a
fait apercevoir les fraudes, les malversations,
l'aliment donné aux intrigues, aux convoitises,
aux spéculations, la source d'où couleraient les
actes les plus scandaleux, la corruption dissimu-
lée derrière la politique, le mécontentement
universel, la déconsidération et l'avilissement
du pouvoir, la décadence de la nation.

Évidemment, ce côté pratique de l'intervention de l'État est celui qui a échappé le plus
complètement à Stuart Mill. Les écrits de Tocqueville ne l'avaient qu'incomplètement instruit.
Les livres ne peuvent donner l'expérience qui
naît du contact des choses et de la pratique des
institutions. Stuart Mill était mauvais observateur, et d'ailleurs il n'a jamais vécu de la vie
d'un peuple soumis au fonctionnarisme bureau-
cratique et à la centralisation.

Il ne faut donc l'écouter sur ce sujet qu'avec
défiance, et cette partie des *Principes* est celle
qu'il convient le plus de n'accepter que sous bénéfice d'inventaire.

Elle reste instructive cependant par le procédé
d'exposition qui n'est que la traduction de la
méthode de recherche. On y retrouve l'habi-

(1) Voir *Journal des Économistes*, janv. 1880, p. 113,
Art. Soph. Raffalovich.

tude de puissantes analyses qui le conduisaient
à explorer les sujets, à les éclairer, à les élargir,
tout en les approfondissant. Son œuvre a toujours un caractère de recherche scientifique en
contraste avec les écrits de beaucoup d'autres
publicistes qui ont les allures de la polémique.

Nous avons sur les *Principes d'économie politique* l'appréciation de Stuart Mill lui-même
et nous allons la faire connaître en partie (1) :
« Une des originalités du livre des *Principes*,
« a-t-il écrit dans ses mémoires, c'est que l'éco-
« nomie politique y est traitée non comme une
« science subsistant isolément, mais comme
« un fragment d'une chose plus grande, comme
« une branche de la philosophie sociale, unie
« aux autres branches par des liens tellement en-
« tremêlés que les conclusions qu'elle présente,
« même dans son domaine propre, ne sont
« vraies que d'une manière conditionnelle et
« restent soumises à l'intervention et à l'in-
« fluence contrariante de causes qui ne tombent
« pas directement sous ses prises, qu'elles n'ont
« pas plus le droit de se donner pour des guides
« pratiques que n'importe quelle considération
« d'un autre ordre. L'économie politique, en
« réalité, n'a jamais eu la prétention de diriger
« l'humanité par ses seules lumières ; bien que
« des personnes qui ne savent que l'économie

(1) Voir une note complémentaire livre IV, chapitre vii
(chapitre sur l'avenir des classes laborieuses).

« politique, et qui, par conséquent, la savent
« mal, aient pris sur elles de donner des con-
« seils et ne pouvaient le faire qu'avec les lu-
« mières qu'elles possédaient. »

Dans ces mémoires il a accentué sa façon d'envisager les problèmes soulevés par les socialistes et noté ses changements de vues sur ces
questions. Dans la première édition des *Principes*, les difficultés du socialisme étaient mises
si fortement en lumière que le ton de l'ouvrage
était hostile. Après une étude approfondie des
écrits des principaux socialistes, J.-St. Mill modifia sa manière de voir. Il supprima les passages antisocialistes dans les éditions suivantes.
Il restait très fortement individualiste, prenait
ses précautions contre les abus de l'intervention de l'État, mais prenait notamment parti
pour ceux qui essayaient de créer des associations, surtout en affirmant sa foi dans la possibilité de la transformation des conditions sociales de l'humanité par le développement des
aptitudes, des habitudes, des mœurs sous l'influence de l'éducation. L'aptitude à faire de tels
efforts a toujours existé dans l'humanité, pen-
sait-il.

Le succès des *Principes* fut grand en Angleterre et sur le continent. Les critiques ne lui
manquèrent pas. M. Grote écrivit : « Je regrette
« profondément l'enseignement pernicieux de
« John Stuart Mill. Il a abandonné les principes
« de l'économie politique. Il semble avoir une

« haine fanatique contre les riches. Je crois
« qu'il a fait plus de mal qu'aucun autre homme
« de notre temps par son système de confisca-
« tion appliqué à la propriété territoriale, sous
« prétexte « d'accroissement non gagné » et par
« ses autres doctrines socialistes. »

En France, M. Reybaud fit ses réserves au nom
de l'orthodoxie : il dit: « Sur les principes fon-
« damentaux, Mill est resté ce qu'on doit atten-
« dre, commentateur habile, profond, judi-
« cieux », il reprocha au philosophe « cette
« bienveillance pour le communisme et ces
« illusions sur le principe d'association dans
« lesquels il faut moins voir une opinion sé-
« rieuse et spontanément émise qu'un moyen de
« se faire écouter et une concession aux préoc-
« cupations d'une époque. L'ouvrage ne serait
« pas à sa troisième édition sans cette partie
« suspecte et parasite. »

M. Louis Reybaud émettait ensuite une opinion
qu'il n'était pas seul à professer : « Qu'en con-
« clure, sinon que la tâche de l'économie poli-
« tique maintenue dans ses limites est aujour-
« d'hui remplie ou peu s'en faut, et qu'on ne
« saurait guère y ajouter que des controverses
« dépourvues d'intérêt ou des déviations re-
« doutables !

« Comme corps de doctrine, les livres en cré-
« dit ont tout épuisé ; il ne reste plus qu'à en
« déduire les conséquences. »

Ce jugement de M. Louis Reybaud est en dés-

accord parfait avec les opinions de J. Stuart Mill
et celles de nombre d'économistes contemporains. Il aurait pu être contresigné par les
adeptes d'une petite chapelle orthodoxe pour
qui l'économie politique était bien une science
d'observation, mais une science dont les observations étaient terminées ; la bonne parole était
descendue, il n'y avait plus qu'à l'enseigner aux
grands et aux humbles, elle tenait d'ailleurs en
quatre ou cinq formules. Cette économie politique en une leçon rappelait la chimie du temps
de Scheele dont toutes les expériences pouvaient
se faire dans un verre à pied.

John Stuart Mill a rendu ce service à la science
économique, de la maintenir sur les sommets où
l'avait placée Adam Smith. Sa pensée s'est trouvée à l'étroit dans les formules économiques de
Ricardo comme elle s'était trouvée gênée dans
les théories de Bentham. Il s'est tourné vers
d'autres horizons vers lesquels il a marché.

Il a marché, mais sans désapprendre, sans oublier les leçons de ses maîtres et sans rejeter
l'essentiel de leur bagage scientifique. Il a fait
de l'économie politique une exposition magistrale, mais il a fait autre chose : il a élargi les
frontières. Il y a, il est vrai, dans son bagage des
erreurs graves, mais n'est-ce pas le lot de
chacun ?

Nous bornerons là notre appréciation sur les
diverses parties du livre des *Principes* dont nous
présentons quelques extraits. Ce n'est ni une

apologétique ni une critique que nous avons
tenté. Nous avons cherché à mettre en relief
quelques traits de la physionomie intellectuelle
de John Stuart Mill et à marquer sa place parmi
les penseurs.

Si nous avons réussi un tant soit peu, notre
lecteur doit aimer St. Mill, avoir le désir de le
connaître; il parcourra alors les *Morceaux choisis* qui sont ci-joints, il pensera peut-être aussi
que si un traducteur est un traître, celui qui
promène des ciseaux à travers une œuvre ma-
gnifique est un être encore plus abominable
contre lequel on ne saurait trop être en défiance,
et il voudra lire dans leur ensemble les *Principes*, pour juger l'œuvre dans sa vérité. A sa
lecture des *Principes*, nous lui conseillons de
joindre sans désemparer celle des mémoires.

Les *Principes* ont été présentés au public français par un économiste éminent, M. Courcelle-
Senouil. Aux yeux de ce juge autorisé, les
Principes contenaient l'exposé le plus complet
et le plus correct de la science économique, au
point où elle était arrivée à cette époque. Leur
plus grande originalité c'était peut-être la har-
diesse et la franchise avec lesquelles l'auteur
avait abordé les questions d'application. M. Cour-
celle-Senouil relevait aussi des traces de l'influence de l'ouvrage jusque dans les mesures
proposées par le gouvernement anglais.

Les ouvrages de Stuart Mill ont été présentés
au public français par des personnages de mar-

que. M. Dupont-White a donné le *Gouvernement représentatif* et *La Liberté;* son gendre, M. Sadi Carnot, aujourd'hui président de la République française, a traduit la *Révolution de 1848 et ses détracteurs.* M. Clémenceau, devenu depuis le chef parlementaire du parti radical, a donné *Auguste Comte et le positivisme.* M. Cazelles, conseiller d'État, a offert les *Mémoires et l'assujettissement des femmes.* Tous ces ouvrages ont eu en France un grand retentissement. On ferait un gros volume des controverses qu'ils ont soulevées. Sa *Logique* qui contient entre autres une théorie si neuve du syllogisme, et qui restera peut-être son œuvre maîtresse, n'est pas l'ouvrage qui a eu le moins franc succès.

Stuart Mill a aimé la France. La France qui lui a souvent donné l'hospitalité et où reposent ses cendres et celles de sa femme, le considère presque comme un de ses enfants.

V

Pour clore cette étude nous consacrons quelques lignes à la vie publique de John Stuart Mill.

En 1865 il fut élu membre de la chambre des Communes. C'était, comme il l'a dit, une occupation peu conforme à ses goûts d'alors. Un Français, M. Laugel, l'a peint ainsi dans son nouveau rôle : « J'ai plus d'une fois aperçu M. Mill à son banc de la chambre des Communes; avec sa figure fine, inquiète et plissée, pâle, petit et mince, il semblait presque un étranger au milieu des robustes représentants de l'Angleterre, familiers, bruyants, pressés, de belle humeur. »

Un philosophe qui, de son cabinet, tombe dans un parlement, y est toujours dépaysé et souvent gêné, froissé. Mill n'avait rien de ce qu'il fallait pour être un chef de parti ; il connaissait peu le maniement des hommes. Il fit dans le parlement ce qu'il aurait fait par ses livres : de la propagande pour ses idées favorites. Son action sur les faits de la politique quotidienne fut nulle. Il parla pour l'avenir.

Il avait été élu dans des conditions particulières, sans participer aux frais d'élection, sans presque se mêler à la campagne électorale, en déclarant qu'il resterait étranger aux affaires locales, en annonçant les thèses personnelles qu'il entendait soutenir : le suffrage des femmes, la représentation des minorités..., etc.

Dieu le père, disait-on, ne serait pas élu avec un tel programme. Il fut élu une fois.

Sa non-réélection ne l'affecta pas. Il refusa d'autres offres de candidature. Il voulait rentrer dans la vie privée. Il ne lui avait jamais été prouvé qu'il pût faire plus pour l'avancement des réformes auxquelles ses efforts étaient voués, sur les bancs de la chambre des Communes, que dans son simple rôle d'écrivain.

Trente ans auparavant, son père et lui avaient

****

tourné leurs regards vers le parlement avec des
visées plus arrêtées. Ils désiraient voir se constituer dans le parlement un groupe de radicaux
philosophes. Quelque temps ils fondèrent de
grandes espérances sur un groupe de jeunes
parlementaires, Grote, Rabuck, Buller, Sir Wil-
liam, Molesworth, John et Edgard Romilly. John
Stuart Mill les catéchisait, s'employait à leur
mettre dans la tête des idées et dans le cœur
des projets. Ce fut en vain. Il leur manquait un
chef : James Mill aurait pu l'être, au dire de son
fils ; lui-même aurait eu plus d'action si alors il
avait été du parlement.

Quand il le devint, ses goûts, son tempérament, ses vues s'étaient modifiés. Il ne chercha
pas à créer un nouveau parti parlementaire.
Sans faire bande à part, il réserva ses efforts
pour faire ce que d'autres ne pouvaient ou ne
voulaient pas faire ; il défendit le suffrage des
femmes, le droit des minorités,... et son intervention eut un grand retentissement. Pourtant
son expérience laisse en suspens la question de
savoir s'il est désirable que les penseurs les plus
éminents entrent dans le parlement, alors qu'ils
peuvent jouer ailleurs, avec moins de perte de
temps, en restant au-dessus des partis, leur rôle
d'initiateurs.

De son contact avec les hommes publics, il
semble avoir remporté une impression défavo-
rable. Le travail lui semblait comme à Bentham
fort mal organisé dans les assemblées. Il regret-

tait que les représentants se crussent tenus notamment à rédiger eux-mêmes les lois, ce à
quoi ils ne sont nullement aptes, pas plus qu'à
creuser les ports dont ils décident l'établissement.

Il nous a légué également une formule sévère qui ne vise pas que les parlements et qui
consolera ceux qui n'ont pas été gâtés par la faveur des peuples ou des rois; la voici : « La
tendance générale dans le monde entier est de
donner à la médiocrité le pouvoir dominant dans
l'humanité. »

Léon ROQUET.

PRINCIPES

D'ÉCONOMIE POLITIQUE

OBSERVATIONS PRÉLIMINAIRES.

Dans toutes les branches des affaires humaines, la pratique a devancé la science. La recherche systématique du mode d'action des forces naturelles est le résultat tardif d'une longue suite d'efforts tentés dans la vue de faire servir ces forces à quelque fin pratique.

L'Économie politique considérée comme science est toute moderne, mais l'objet dont elle s'occupe a de tout temps constitué l'un des principaux intérêts de l'humanité, et souvent même a pris dans les institutions des peuples une place à laquelle il n'avait pas droit.

Cet objet est la Richesse.

Les économistes se donnent pour mission soit de rechercher, soit d'enseigner la nature de la richesse et les lois de sa production et de sa distribution. Cette étude comprend celle de toutes les causes qui, relativement à cet objet des désirs

1

de tous, rendent prospère ou misérable la condition des hommes en société.

Ce n'est pas qu'un traité d'Économie politique
puisse discuter ni même énumérer ces causes
diverses; mais il entreprend de dévoiler tout ce
qu'il a été possible de connaître des lois et des
principes selon lesquels ces causes opèrent.

Chacun se fait de la richesse une notion assez
claire pour l'usage ordinaire. Les études qui ont
la richesse pour objet ne risquent pas d'être
confondues avec celles qui se rapportent à quelque autre des grands intérêts de l'humanité.
Chacun sait qu'être riche est une chose; que c'est
une autre chose d'être brave, instruit, humain;
chacun comprend que les recherches sur les
causes de la liberté, de la vertu, de la science
littéraire, de la culture des arts, du courage,
chez un peuple, sont distinctes de celles qui ont
pour objet les causes de la richesse. Cependant
ces états divers ne sont pas sans relation, ils
réagissent les uns sur les autres. Quelquefois une
nation est devenue libre, parce qu'auparavant
elle était riche; une autre est devenue riche,
parce qu'auparavant elle avait conquis sa liberté.
Les croyances, les lois d'un peuple agissent puis-
samment sur son état économique, et cet état,
à son tour, par son influence sur les relations
sociales, réagit sur les lois et les croyances. Mais
bien que ces objets soient en un contact continuel, ils sont d'une nature toute différente et ont
toujours été considérés comme distincts.

Dans ce traité, mon intention n'est pas de rechercher la précision métaphysique des défini-
tions, lorsque les idées suggérées par le mot
même sont assez déterminées pour la pratique.
Il ne semble guère qu'il puisse s'établir aucune
fâcheuse confusion d'idées sur la question de
savoir « ce qui doit être considéré comme richesse » : cependant l'histoire nous atteste que
cette confusion a existé, qu'il fut un temps où les
théoriciens et les hommes d'État y tombèrent
également et partout, de telle sorte que cette
confusion d'idées a, pendant plusieurs générations, donné une fausse direction à la politique
de l'Europe. Je parle de l'ensemble des doctrines
que, depuis Adam Smith, on est convenu d'appeler le système mercantile.

Sous l'empire de ce système, il était reconnu,
implicitement ou explicitement, dans la politique
des nations, que la seule richesse était la monnaie, ou plutôt les métaux précieux qui peuvent
être transformés en monnaie à volonté. En conséquence tout ce qui tendait à amener la monnaie
ou les lingots dans un pays ajoutait à sa richesse :
tout ce qui faisait sortir des métaux précieux du
pays l'appauvrissait. Si une contrée ne renfer-
mait ni mines d'or ni mines d'argent, la seule
industrie par laquelle il lui fût possible d'augmenter sa richesse, était le commerce extérieur,
en tant qu'il était le moyen d'amener l'argent en
retour. Toute branche de commerce qu'on supposait devoir entraîner l'exportation de la mon-

naie était considérée comme un commerce rui-
neux, quels que fussent d'ailleurs ses résultats
d'autre sorte. L'exportation des marchandises
était encouragée par tous les moyens, même aux
dépens des ressources réelles du pays, parce qu'on
supposait que les retours devraient se faire en
monnaie d'or ou d'argent. Toute importation, autre que celle de l'or et de l'argent, était considérée comme une perte équivalente à la valeur
totale des marchandises importées; à moins
pourtant que l'importation n'en eût lieu en
vue de réexportation avec profit, ou bien encore
que les articles importés ne fussent considérés
comme matières nécessaires à quelque industrie
du pays et donnassent ainsi la faculté de produire à plus bas prix des articles d'exportation.
Le commerce du monde était considéré alors
comme une lutte entre les nations où chacune
s'évertuait à attirer vers elle la plus large part
des métaux précieux existants, et, dans cette lutte,
aucune nation ne réalisait un profit qu'en faisant
éprouver à quelque autre une perte équivalente, ou tout au moins en l'empêchant de gagner elle-même.

Il arrive fréquemment que la croyance universelle d'un siècle, croyance dont il n'était donné
à personne de s'affranchir à moins d'un effort
extraordinaire de génie et de courage, devient
pour un autre siècle une absurdité si palpable,
qu'on n'a plus qu'à s'étonner qu'elle ait pu jamais
prévaloir. Telle est le cas de la doctrine écono-

mique dans laquelle *monnaie* est le synonyme
absolu de richesse. L'erreur est ici trop manifeste pour qu'on puisse considérer cette doctrine
comme une opinion sérieuse. Elle ressemble à
l'une de ces idées indigestes et grossières de
l'enfance, qui s'évanouissent par un seul mot de
raison d'une *grande personne*. Mais que nul ne
s'imagine qu'il eût pu échapper à cette opinion
s'il eût vécu au temps où elle dominait. Toutes
les associations d'idées auxquelles donnent lieu
la vie commune et le cours ordinaire des affaires
concouraient à la favoriser. Tant que ces associations ont été l'unique base, le point de départ
des observations, ce que nous regardons aujour-
d'hui comme une erreur semblait une vérité
banale. Dès que le doute vint, le règne de l'erreur cessa; mais, pour douter, il fallait être fa-
milier avec certains modes d'établir et d'étudier
les phénomènes économiques, et ce n'est que par
l'influence d'Adam   ith et de ses commenta-
teurs que ces mode l'étude ont prévalu.

Dans le langage ordinaire, la richesse est
toujours exprimée par le mot *argent*. Si l'on demande la fortune d'un individu, la réponse est
toujours: « Il a tant de mille livres. » Tous les
revenus et toutes les dépenses, tous les profits
et toutes les pertes, enfin tout ce qui rend un
homme plus riche ou plus pauvre, sont évalués
par l'entrée et la sortie de l'argent. Il est vrai
que, dans l'inventaire de la fortune d'un individu, on comprend non seulement l'argent qu'il

possède ou qui lui est dû, mais tous les autres objets de valeur. Mais ces objets ne viennent pas là sous le caractère qui leur est propre, mais seulement en considération des sommes d'argent pour lesquelles il serait possible de les vendre, et s'ils valaient moins, leur propriétaire serait considéré comme moins riche, bien que les objets en question restent précisément les mêmes. Il est certain aussi qu'on ne devient pas riche en gardant son argent sans emploi, et qu'il faut bien vouloir le dépenser, si l'on veut gagner. Ceux qui s'enrichissent par le commerce donnent leur argent en échange de marchandises, et leurs marchandises en échange d'argent : l'un est aussi nécessaire que l'autre. Mais celui qui achète des marchandises en vue d'un profit, le fait dans le but de les revendre et dans l'espoir de recevoir de cette vente plus d'argent qu'il n'en a donné pour les acheter. Gagner de l'argent, donc, doit paraître à l'acquéreur lui-même le but suprême de ses efforts. Il arrive souvent qu'il reçoit en payement autre chose que de l'argent. Il a acheté à une certaine valeur; il évalue de même les objets qu'il reçoit en échange; mais il prend soin, dans cette évaluation faite en argent, de s'assurer qu'il recevra plus qu'il n'a donné lorsqu'il revendra ces objets. Un marchand dont le commerce est considérable et qui, selon l'expression consacrée, renouvelle son capital rapidement, n'a cependant qu'une faible portion de ce capital en argent. Mais il ne conçoit ce capital qu'autant

qu'il peut le convertir en argent. Il ne considère
donc une opération comme achevée que lorsque
le net produit est payé ou crédité en argent.
Quand il se retire des affaires, c'est en argent
qu'il convertit tout son avoir, et ce n'est qu'alors
qu'il se considère comme ayant réalisé ses bénéfices, précisément comme si le numéraire était
la seule richesse et que l'argent ne valût que
comme moyen d'obtenir l'argent. Si maintenant
on vient demander au champion du système,
quel est l'objet pour lequel l'argent est recherché,
à moins que ce ne soit pour la satisfaction des
besoins ou des plaisirs de lui-même ou des autres, la question ne l'embarrassera pas. Il admet-
tra qu'en effet tel est l'usage de la richesse, et
que cet usage est très respectable, pourvu qu'il
se borne aux marchandises indigènes, parce
qu'en ce cas vous enrichirez vos compatriotes
précisément dans la proportion de la dépense
que vous avez faite. Dépensez votre richesse, si
tel est votre plaisir, de la manière que vous vou-
drez et pour la satisfaction des besoins qu'il vous
plaira; mais votre richesse ne consiste pas dans
cette satisfaction, elle est dans la somme d'argent et dans le revenu annuel en argent, avec
lesquels vous achetez cette satisfaction.

Il faut le dire cependant, au milieu de ces motifs qui n'ont pour eux qu'une faible plausibilité,
et sur lesquels se base le système mercantile, il
existe quelque raison, bien qu'insuffisante, pour
la distinction que font ses partisans entre l'argent

et les autres objets dont la possession a de la
valeur. Nous regardons en effet comme jouissant
des avantages de la richesse, non pas celui qui
est actuellement et au moment de notre jugement en possession des choses agréables ou utiles qui la constituent, mais bien celui qui possède les moyens de se les approprier selon son
désir. Or, l'argent, le numéraire, constituent
cette puissance, tandis que tous les autres objets,
dans les sociétés civilisées, ne semblent la posséder que par l'échange qu'on peut en faire contre de l'argent. Posséder l'un des autres objets
qui constituent la richesse, c'est posséder cet
objet sans plus. Posséder l'argent, c'est posséder
la puissance directe de s'approprier tous les autres objets qui constituent la richesse, sans avoir
éprouvé la nécessité d'échanger un objet spécial
contre de l'argent d'abord, ou contre l'infinie
quantité d'objets dont la possession est indispensable à la satisfaction des besoins ou des désirs de l'homme riche. La majeure partie de l'u-
tilité de la richesse, au delà d'une portion très
modérée, n'est pas dans les jouissances qu'elle
procure, mais dans la puissance que le possesseur tient en réserve dans le but de se les procurer à son temps et à son heure. Or, aucun des
éléments qui constituent la richesse ne donne
cette puissance au même degré que l'argent.
C'est la seule forme de richesse qui n'a pas une
application bornée, et qui peut être sûrement et
immédiatement convertie. Cette distinction a dû

faire impression sur les gouvernements, car elle
est en effet pour eux d'une grande importance.
Un gouvernement civilisé ne tire des taxes un
parti avantageux qu'à la condition de les percevoir en numéraire ; il y a plus, c'est que ce mode
de perception est le seul possible, le seul efficace,
toutes les fois qu'un État a des dettes à payer
à l'étranger, soit pour solder des troupes s'il
s'agit de conquête, soit pour payer des subsides
s'il s'agit de n'être pas conquis, alternative qui a
fait jusqu'en ces derniers temps la base de la
politique du monde.

Toutes ces causes concourent à porter les
États et les individus à attacher, dans l'évaluation
de leurs ressources, une importance presque exclusive au numéraire soit en essence, soit en
puissance, et à regarder tout le reste tout au
plus comme le moyen d'obtenir cet élément qui,
seul de tous ceux qui constituent la richesse,
donne la puissance d'obtenir tous les autres.

Une absurdité, cependant, ne cesse pas d'être
une absurdité quand nous avons découvert les
apparences qui la rendaient plausible ; et le système mercantile ne pouvait manquer d'être ré-
duit à sa valeur dès que des observateurs eurent
commencé même imparfaitement et sans méthode à regarder au fond des choses, et à chercher les prémisses de leur raisonnement dans
les faits élémentaires et non dans les formes et
la phraséologie de la conversation. Dès qu'on se
fit cette simple question : Qu'entend-on par nu-

méraire? quels sont ses caractères essentiels?
quelle est la nature précise des fonctions qu'il
remplit? on s'aperçut que le numéraire, comme
tout autre objet, n'est une possession désirable
qu'en raison des services qu'il rend; et que ces
services, loin d'être infinis comme ils semblent
l'être, sont parfaitement définis et strictement
limités, et qu'ils consistent ni plus ni moins à
faciliter la distribution des produits du travail
selon la convenance de ceux qui le possèdent.
En approfondissant ce sujet, on découvrit que
les services ne sont nullement accrus par l'accroissement de la quantité de numéraire qui
existe en une contrée donnée, et que ces services
sont également bien remplis par une quantité
restreinte de numéraire et par une quantité plus
considérable. Deux millions de quarters de blé
ne sauraient nourrir un aussi grand nombre de
personnes que quatre millions; mais deux millions de livres sterling achèteront et vendront
autant de produits que quatre millions de livres
sterling; la seule différence sera dans le prix
nominal de ces produits. Le numéraire, en tant
que numéraire, ne satisfait aucun besoin. Sa
valeur pour tous consiste à revêtir une forme
convenable pour représenter les revenus, lesquels revenus peuvent être ensuite, au gré de
chacun, transformés, échangés selon ses désirs
et ses besoins. La différence entre un pays riche
en numéraire et un pays qui en serait privé ne
serait sensible que dans le plus ou le moins d'in-

convénients, de perte de temps et de travail,
comme si l'on substituait le moulin à bras au
moulin hydraulique. « Le numéraire, a dit Adam
Smith, rend un service analogue à celui d'une
route : prendre le numéraire pour la richesse,
c'est commettre la même erreur que de confondre la route qui mène à un domaine, à une
ferme, avec le domaine, avec la ferme elle-
même. »

Le numéraire étant un instrument important
des transactions privées et publiques, c'est avec
raison qu'on le regarde comme une richesse.
Mais tous les autres objets qui sont à l'usage de
l'homme et que la nature ne lui livre pas gratuitement, sont richesse aussi. Être riche, c'est
posséder une grande quantité d'objets utiles, ou
les moyens de les acquérir. Tout ce qui donne
le pouvoir d'acquérir, tout ce qui peut s'é-
changer contre quelque objet d'utilité ou d'a-
grément doit être considéré comme richesse.
Les objets qui, bien que nécessaires et utiles en
eux-mêmes, ne peuvent s'échanger contre aucun
autre objet, ne sont pas richesse, selon l'économie politique. Ainsi l'air, bien que nécessaire
de nécessité absolue, n'a pas de valeur sur le
marché, par la raison qu'il peut être obtenu
gratuitement; accumuler, emmagasiner de l'air
ne serait d'aucun profit, et les lois de sa
production et de sa distribution sont du
domaine d'une science tout autre que l'économie politique. Mais, bien que l'air ne soit pas

richesse, sa gratuite distribution rend l'humanité plus riche, puisqu'elle la dispense du travail qui serait nécessaire pour obtenir cet élément indispensable de l'existence, et lui permet de se livrer à d'autres productions. On peut toutefois supposer des cas où l'air serait véritablement une richesse, s'il était d'usage de séjourner longtemps en des lieux où l'air ne pénétrerait pas, dans des cloches à plongeur par exemple. L'alimentation de ces lieux en air respirable aurait certes un prix, comme l'eau que des conduits amènent dans nos habitations. Si, par quelque révolution du globe, l'atmosphère devenait plus rare, ou si, par quelque autre révolution, l'air pouvait être monopolisé, il pourrait alors avoir un très grand prix sur le marché. Dans cette hypothèse, celui qui aurait plus d'air qu'il n'en faudrait à ses poumons serait riche, et la richesse de l'humanité pourrait sembler augmentée par ce qui serait une grave calamité; l'erreur consisterait à ne pas apercevoir que, quelque riches que fussent devenus les détenteurs de l'air, la masse, pour laquelle l'air serait devenu une marchandise, se serait appauvrie de tout ce qu'elle payerait pour sa consommation.

Cette observation nous conduit à une distinction importante dans l'acception du mot richesse, selon qu'il s'applique aux objets possédés par un individu, ou par une nation, ou par le genre humain. Pour le genre humain, rien n'est richesse que ce qui est en soi-même objet d'utilité ou d'agrément. Pour l'individu, tout est richesse lorsque la possession, bien qu'inutile en soi, donne au possesseur le moyen d'obtenir des autres une portion des objets d'utilité réelle ou d'agrément dont ils sont détenteurs. Prenons pour exemple un contrat d'hypothèque de mille livres sterling sur une propriété foncière. Ce contrat est richesse réelle pour celui auquel il procure un revenu, et qui peut-être le vendrait sur le marché pour sa valeur totale, s'il en avait le désir. Ce contrat, cependant, n'est pas une richesse pour le pays; que l'engagement soit annulé, le pays n'en sera ni plus ni moins riche. Le créancier aura perdu mille livres, le débiteur les aura gagnées. Mais si nous considérons la nation au lieu de l'individu, on peut dire que l'hypothèque n'était pas richesse réelle, que sa fonction se bornait à donner à A un droit sur une certaine portion de la propriété de B. Pour A cette hypothèque était richesse, et richesse qu'il pouvait transférer à un tiers; mais ce qu'il transférait était de fait un droit de copropriété dans une proportion déterminée sur la terre dont B était nominalement le seul propriétaire.

La position des rentiers de l'État, des détenteurs de fonds publics, est exactement celle-là. Ils possèdent hypothèque sur la richesse générale du pays. Annuler la dette de l'État ne détruirait en aucune façon sa richesse : ce serait une soustraction déloyale de richesse faite au

détriment de certains individus, au profit soit
de l'État lui-même, soit des contribuables. La
propriété des fonds publics ne saurait donc être
considérée comme partie de la richesse nationale. C'est là une vérité que n'observent pas
toujours les statisticiens. Ainsi dans l'estimation
du revenu brut du pays, basée sur le produit
de l'*income-tax*, on a souvent compris les revenus provenant des fonds publics. On n'a pas pris
garde que l'impôt est assis sur tout le revenu
nominal du contribuable, sans qu'il ait été
permis de déduire de ce revenu la portion qui
en est prélevée sous forme d'impôt pour payer
le créancier de l'État. On compte donc ici deux
fois une partie du revenu général du pays, et
l'on trouve un chiffre qui dépasse la vérité de
trente millions sterling environ.

Néanmoins un pays peut considérer comme
richesse tout ce que les nationaux possèdent de
revenu dans les fonds étrangers, de même que
tout ce qui leur est dû à l'extérieur; encore ces
revenus ne sont-ils pour eux richesse que comme
copossesseurs de richesses détenues par d'autres. Ils ne font pas partie de la richesse collective du genre humain : ils sont un élément de
la distribution de la richesse, mais non de sa
formation.

L'esclavage nous fournit un autre exemple
d'un cas où ce qui est richesse pour un particulier n'est pas richesse pour la nation ou pour
l'humanité. C'est par une étrange confusion d'i-

dées que les esclaves ont été comptés à tant par
tête dans l'inventaire des richesses de la nation
qui tolérait une telle propriété. Si un être
humain considéré comme une puissance productive est considéré comme richesse lorsqu'il
est possédé par autrui, il n'est pas moins une
part de la richesse nationale lorsqu'il se possède lui-même. Toute la valeur qu'il a pour son
maître est autant de richesse qui lui est prise et
cette soustraction ne peut augmenter la richesse
du maître et de l'esclave et de la nation à laquelle ils appartiennent. Dans une classification
correcte, les habitants d'un pays ne sont pas
comptés entre ses richesses : ils sont la cause et
la fin de cette richesse. Le terme *richesse* dé-
signe les objets désirables qu'ils possèdent en
dehors d'eux-mêmes. Pour eux-mêmes ils ne
sont pas la richesse, mais le moyen de l'acquérir.

On a proposé de définir la richesse, par le
mot « instruments »; on entendait par là non
pas seulement les outils et les machines, mais
encore toute l'accumulation, possédée par les
individus ou les nations, de moyens d'atteindre
le but. Ainsi, dans cette nomenclature, un champ
est un instrument, car c'est un moyen de se
procurer le blé; le blé est un instrument, car
c'est un moyen de se procurer la farine; la
farine, à son tour, est un instrument, car c'est
le moyen de se procurer le pain ; le pain est un
instrument, car c'est le moyen de satisfaire la
faim et de soutenir l'existence. Là nous arrivons

à des objets qui ne sont pas instruments, car ils sont convoités pour eux-mêmes et non plus seulement comme des moyens pour arriver à quelque chose au delà. Cette manière d'envisager les choses est toute philosophique; rien n'empêche qu'on se serve de cette manière de parler, non parce qu'elle modifie l'aspect sous lequel les questions se présentent, mais parce qu'elle peut aider à les élucider. Néanmoins elle s'éloigne trop du langage ordinaire pour devenir d'une acception générale; il importe de la réserver comme auxiliaire pour aider à l'explication des phénomènes dont s'occupe l'Économie politique.

Définissons donc la richesse ainsi : Toutes les choses utiles ou agréables qui possèdent une valeur échangeable; en d'autres termes : Toutes les choses utiles ou agréables, excepté celles qui peuvent être obtenues, dans la proportion désirée, sans travail ou sans sacrifice. La seule objection qu'on puisse faire à cette définition est qu'elle laisse sans solution une question qui a été longtemps débattue, à savoir : Si ce qu'on appelle les produits immatériels doit être considéré comme richesse. Si, par exemple, l'habileté d'un ouvrier ou toute autre puissance naturelle ou acquise du corps ou de l'esprit doit ou non s'appeler richesse. Cette question n'a pas une bien grande importance et sera d'ailleurs traitée et discutée dans une autre partie de ce livre (1).

(1) Voy. plus loin, liv. I, chap. III.

Ces notions préliminaires sur la richesse une fois comprises, il importe d'examiner avec attention les différences extraordinaires que présentent, dans la somme de leurs richesses, les diverses nations du globe, soit qu'on les compare entre elles, soit qu'on les étudie dans des siècles successifs. Et ce n'est pas même dans la seule accumulation de la richesse que ces différences se font sentir, c'est aussi dans la variété des éléments qui la composent, c'est encore dans la manière dont ces éléments sont distribués parmi les diverses classes de citoyens.

Il n'existe peut-être aucun peuple, aucune tribu, aucune agglomération d'hommes qui aujourd'hui vive entièrement des produits spontanés du sol. Mais beaucoup de tribus sauvages subsistent encore exclusivement ou presque exclusivement de la chair des animaux sauvages, produits de la pêche ou de la chasse. Les peaux de ces animaux servent à les couvrir. Leurs habitations sont de simples huttes formées de troncs ou de branches d'arbres. Ils les construisent en quelques heures; ils les abandonnent plus vite encore. Leurs aliments étant peu susceptibles de se conserver, ils ne prennent aucune peine pour les accumuler, et sont souvent exposés à de grandes privations. La richesse d'une pareille communauté consiste dans les seules peaux dont elle se couvre; quelques ornements dont le goût est répandu parmi presque toutes les nations sauvages, quelques

2

ustensiles grossiers, les armes dont se servent ces tribus pour atteindre leur gibier ou pour disputer à d'autres tribus les éléments de leur subsistance, des canots pour traverser les fleuves, ou les lacs, ou pour pêcher, peut-être quelques pelleteries, ou quelques autres productions du désert, recueillies dans le but de les échanger contre les couvertures, l'eau-de-vie ou le tabac des nations civilisées; telle est la courte et pauvre nomenclature des éléments de la richesse de ces peuplades. A cet inventaire il convient d'ajouter toutefois le sol de leur pays : c'est un instrument de production dont ils font bien peu d'usage si on les compare aux peuples civilisés, mais qui n'en est pas moins la source qui les nourrit, et qui a déjà pour eux une valeur échangeable, s'il se trouve à leur portée quelque peuple agricole à qui manque un sol étendu.

L'état de ces peuplades est l'état de pauvreté le plus extrême dans lequel puisse se trouver une communauté d'êtres humains; nous disons une *communauté*, parce que dans une nation plus avancée il peut se trouver, et il se trouve, en effet, des individus dont le sort n'est guère au-dessus de celui du sauvage, des individus dont la subsistance est aussi précaire, dont les jouissances sont aussi nulles.

Le premier pas un peu marquant que font les nations sauvages dans la voie de la civilisation consiste à réduire à la domesticité quel-

ques-uns des animaux les plus utiles; passant
ainsi à l'état pastoral et nomade dans lequel
l'homme ne vit plus seulement du produit de sa
chasse, mais de lait et de ses produits, et de l'accroissement annuel des troupeaux. Cette condition est non seulement en elle-même une grande
amélioration, mais elle ouvre la voie à une amélioration nouvelle, parce qu'on peut sous ce
régime accumuler plus de richesses qu'auparavant. Aussi longtemps que les immenses pâturages naturels du sol ne sont pas tellement occupés qu'ils soient consommés plus rapidement
qu'ils se reproduisent, le pasteur peut accumuler, conserver et accroître une grande abondance d'éléments de richesse, sous forme de
nourriture, sans autre soin que celui de garder
le troupeau contre les attaques des bêtes sauvages ou les déprédations des voleurs. C'est ainsi
que d'immenses troupeaux ont souvent constitué
la richesse d'hommes actifs et ardents au gain,
soit qu'ils les eussent acquis par leurs propres
efforts, soit comme chefs de tribus ou de familles, par les efforts de ceux qui leur sont liés
par l'obéissance. De là découle, dans l'état pastoral, l'inégalité des richesses, chose extrêmement rare dans l'état sauvage, où personne ne
possède rien au delà du nécessaire, et où chacun, en cas de disette, est forcé de partager
avec la tribu. Dans l'état nomade, quelques-uns
peuvent posséder de grands troupeaux, suffisants pour nourrir une multitude, tandis que

d'autres moins industrieux n'en ont pas su former. Mais la subsistance a cessé d'être précaire, puisque les plus heureux n'ont rien de mieux à faire que de nourrir les autres, car, pour eux, accroître la population, c'est accroître leurs richesses et leur puissance. Par là ils sont bientôt dispensés de tout travail personnel, ils n'ont plus qu'une surveillance à exercer, et ils acquièrent des sujets, qui se battent pour eux pendant la guerre et travaillent pour eux pendant la paix. L'un des traits caractéristiques de cet état de société, c'est qu'une partie de la communauté, et, en quelque sorte, toute la communauté possède du loisir. Il ne faut que peu de temps pour assurer la subsistance, et le reste de ce temps n'est pas occupé en méditations pour acquérir la subsistance du lendemain, ni en repos forcé pour réparer les forces musculaires dépensées la veille. Une telle vie est extrêmement favorable au développement de besoins nouveaux, et présente la possibilité de les satisfaire. On désire de meilleurs vêtements, des instruments plus convenables, des armes plus efficaces, que ceux dont se contentait le sauvage. L'excédent de subsistances permet d'employer à leur confection une partie de la tribu. Aussi dans presque toutes les communautés pastorales trouvons-nous des fabriques souvent grossières, quelquefois très perfectionnées. Il est évident que du temps même où les contrées berceau du genre humain et de la civilisation

moderne ne contenaient que des peuplades er-
rantes, elles avaient fait déjà des progrès considérables dans les arts industriels, dans la filature, dans le tissage et la teinture, dans la
préparation du cuir, et, ce qui paraît plus difficile encore, dans l'art de travailler les métaux.
Les sciences spéculatives elles-mêmes, et parmi
elles la science d'observation par excellence,
l'astronomie, sont nées du loisir créé aux ber-
gers par leurs occupations. C'est aux pasteurs
de la Chaldée, qu'avec une grande apparence de
vérité, le monde savant attribue les observations
astronomiques les plus reculées.

De l'état pastoral à l'état agricole la transition
ne semble pas facile. Aucun changement un peu
sensible dans la condition de l'humanité ne s'obtient sans peine et sans douleur, et le temps en
est un élément essentiel ; mais cependant on peut
dire que la transition est dans le cours naturel
des choses. L'accroissement de la population et
du bétail fit sentir son influence sur les prairies
naturelles qui s'offraient sans culture au pasteur. Cette cause amena sans doute le premier
défrichement, comme à une période plus rappro-
chée la même cause fit déborder sur les nations
agricoles les dernières hordes de pasteurs trop à
l'étroit désormais dans leurs pâturages. Et ce ne
fut que lorsque les peuples attaqués songèrent à
organiser la défense que les barbares envahis-
seurs, privés de ce débouché à leur trop-plein,
songèrent, à leur tour, à devenir cultivateurs.

D'après ces premiers efforts de la race humaine, on pourrait croire que ces progrès ont été désormais rapides et ininterrompus. Il n'en est rien cependant. Soumise à la culture, la terre, il est vrai, produisit une quantité de subsistance incomparablement plus considérable que les fruits spontanés qu'elle livrait aux peuples pasteurs; mais cette abondance ne s'obtint pas sans un travail plus pénible, plus assidu, et qui laissa moins de loisir à une population qui néanmoins s'accrut dans la même proportion que les fruits dont elle avait la disposition. D'un autre côté, les instruments de labourage étaient grossiers, ils ne profitaient qu'aux plus forts et aux plus adroits; et, pendant de longs siècles, les peuples agricoles furent moins riches, ils eurent moins de loisir, ils épargnèrent moins que les nomades, leurs devanciers. Ils purent, moins qu'eux, payer la peine de ceux qui s'occupaient des travaux manufacturiers, ils eurent moins de produits destinés à la satisfaction de leurs besoins. Il y a plus : l'excédent, quel qu'il soit, est, en général, enlevé aux producteurs, soit par le gouvernement de leur pays, soit par des individus qui, au moyen de la force ou de la fraude, et en s'aidant des sentiments religieux ou traditionnels de subordination de leurs concitoyens, se sont érigés en maîtres de la terre.

Le premier de ces modes d'appropriation par le gouvernement est le caractère distinctif des grandes monarchies qui, depuis un temps immé-

morial, se sont fondées dans les plaines de l'A-
sie. Dans ces contrées, quoique différant en
qualité, selon les accidents du caractère personnel du titulaire, les gouvernements s'accordent
à ne laisser aux producteurs que ce qui leur est
strictement nécessaire pour maintenir l'existence; souvent même ils vont si loin qu'ils se
trouvent, après les avoir dépouillés, obligés de
leur restituer, pour l'ensemencement des terres et
pour les nourrir jusqu'à la prochaine récolte,
une partie de ce qu'ils leur ont ravi. Sous ce
régime, l'État, en recevant de petites sommes
d'un grand nombre, peut accumuler assez de
richesses pour déployer un luxe imposant au
milieu d'une population ruinée, et ce n'est guère
que dans ces derniers temps que les Européens
ont renoncé à l'opinion que le moyen âge entre-
tenait sur les immenses trésors de l'Orient. Il
est bien évident que, sans parler de la portion
de cette richesse qui reste aux mains des collecteurs, le souverain n'est pas seul à en profi-
ter. Les fonctionnaires de l'État en reçoivent leur
part, et les favoris du prince ne sont pas oubliés.
De temps en temps les travaux d'utilité publique en absorbent une partie. Les réservoirs, les
puits, les aqueducs, les canaux d'irrigation,
choses souvent indispensables à toute culture
dans la plupart des pays tropicaux, les digue
qui retiennent les rivières, les bazars des marchands, les caravansérails des voyageurs, que
les ressources bornées de ceux qui s'en servent

ne leur eussent jamais permis de construire,
sont dus à ce qu'on appelle la libéralité et à
l'intérêt bien compris des princes les meilleurs,
quelquefois à la bienfaisance ou à l'ostentation
d'un riche particulier, dont la fortune, si l'on en
recherche la source, ne saurait manquer de pro-
venir, de près ou de loin, des revenus publics,
et le plus habituellement de l'abandon direct
qu'a fait le prince en sa faveur d'une partie de
ses revenus.

Le maître d'une telle société, après avoir
pourvu largement à son propre établissement
et à la fortune de tous ceux qui l'intéressent;
après avoir soudoyé autant de soldats qu'il juge
nécessaire d'en entretenir pour sa propre sécurité, s'il possède encore un excédent, est bien
aise de l'échanger contre des objets de luxe appropriés à son usage. Il en est de même de ceux
qu'il a enrichis, ou que la perception des revenus publics a enrichis. De là naît la demande
d'articles d'une fabrication dispendieuse, destinés à un marché très restreint mais très riche.
Le plus souvent ce sont les marchands étrangers
qui se chargent de cette espèce d'approvision-
nement; mais souvent aussi cette demande crée
des ouvriers d'une grande habileté, dont les œuvres sont presque toujours remarquables par la
patience, par la dextérité de main, par la pers-
picacité et la puissance d'observation qu'elles
témoignent de la part d'hommes toujours igno-
rants des propriétés des corps. Tels sont quel-

ques-uns des produits de coton de l'Inde. Ces ouvriers sont nourris par l'excédent de production que le gouvernement s'est approprié par lui-même ou par ses agents. Et cette assertion est si vraie, qu'en quelques lieux l'ouvrier, au lieu de travailler chez lui et d'aller chercher son salaire quand l'œuvre est achevée, porte ses outils chez le demandeur, qui le nourrit pendant qu'il travaille.

Le peu de sécurité cependant de la propriété dans ces sortes de gouvernement porte même les plus riches consommateurs à donner la préférence aux objets qui, étant de leur nature impérissables et contenant une grande valeur sous un petit volume, peuvent être facilement cachés ou enlevés. L'or, les bijoux, constituent en conséquence une grande portion de la richesse de ces nations, et il est plus d'un riche asiatique qui porte presque toute sa fortune sur sa personne ou sur celle des femmes de son harem. Personne, en ces contrées, ne conçoit l'idée d'un placement permanent. Le monarque cependant, s'il se croit assuré sur son trône, peut faire exception à la règle, et se donner le plaisir de bâtir les pyramides, ou le Taj Mehal, ou le mausolée de Sekundra.

Quant aux cultivateurs, ils sont habillés par les artisans des villages, auxquels est allouée, en guise de salaire, une certaine portion de terre franche de redevance, ou une allocation de grains prise sur ce que le gouvernement laisse aux habitants.

Dans un tel état de société, il existe toutefois
une classe mercantile; elle est uniquement com-
posée des marchands de grains et des marchands
d'argent, de numéraire. Ce n'est pas aux producteurs que les marchands de grains achètent
les produits, mais aux agents du gouvernement,
qui, recevant les taxes en nature, sont bien aises
de se décharger sur autrui du soin de les transporter aux lieux où se trouvent réunis les seuls
consommateurs : le prince et sa cour, ses nobles,
son armée en même temps que les artisans qui
travaillent pour satisfaire leurs besoins divers.
Les marchands d'argent font des avances aux
cultivateurs, lorsque ces malheureux se trouvent
ruinés par les exactions fiscales ou par les mauvaises saisons; ils les aident ainsi à vivre jusqu'à
la prochaine récolte et à ensemencer de nouveau
leurs champs. Il va sans dire que ces avances
sont payées par un intérêt énorme. Ces marchands de numéraire font encore un autre trafic,
et ce n'est pas le moins lucratif. Ils font des
avances au gouvernement lui-même ou aux
grands dignitaires auxquels le gouvernement a
concédé une portion du revenu public; ceux-ci,
pour les payer, leur abandonnent la perception
des taxes d'un certain district, ou bien encore
une délégation sur les collecteurs eux-mêmes.
En même temps, et pour faciliter les recouvre-
ments, ces prêteurs sont investis d'une portion
de l'autorité et des privilèges de l'État. Ils en
usent et abusent jusqu'à l'entière libération du

Trésor à leur égard. On voit que les opérations commerciales de ces deux espèces de trafiquants sont bornées à cette portion de la production du pays qui constitue le revenu de l'État. C'est de ce revenu seul qu'ils tirent leurs profits, et l'on peut dire que leur capital lui-même n'a pas une autre origine.

Telle est la condition générale de la plupart des contrées de l'Asie : telle elle a été depuis les temps historiques connus ; telle elle est encore partout où des causes étrangères ne sont pas venues la troubler.

Dans les communautés agricoles de l'ancienne Europe, dont l'histoire nous est le mieux connue, les choses se sont passées autrement. A leur origine, ces communautés étaient en général de petites agglomérations de cités, dont les premiers constructeurs, soit qu'ils se fussent établis dans une contrée déserte, soit qu'ils eussent expulsé les possesseurs antérieurs, s'étaient partagé le sol à peu près également entre eux. Dans quelques cas, au lieu d'une seule cité, c'était une confédération de plusieurs cités que composait la communauté. Ces villes étaient occupées alors par des hommes réputés de même race, et qui s'étaient établis dans le pays à peu près à la même époque. Chaque famille y produisait sa propre subsistance, y fabriquait ses propres vêtements ; en général, les femmes étaient chargées du soin de leur confection. Ces communautés ne connaissaient pas l'impôt ; il n'y avait pas d'a-

gents du gouvernement à salarier, et, s'il en
existait, une portion de sol, cultivée par des
esclaves au compte de l'État, y pourvoyait à leur
entretien. En conséquence, le produit total du
sol, sans déduction, appartenait à la famille qui
le cultivait.

Tant que la marche des événements permit la
continuation d'un tel état économique, la situation des citoyens libres, formant la majorité des
cultivateurs, dut être heureuse. Aussi ces pé-
riodes furent-elles, en beaucoup de cas, marquées
par un progrès considérable, rapide, brillant,
dans le développement intellectuel du genre humain. Ce fut surtout dans les contrées où une
position géographique heureuse se trouvait se-
condée par certaines circonstances de race, de
climat, etc., dans les contrées où une communauté
assise sur les bords d'une grande mer intérieure,
par exemple, avait en face d'elle, sur les bords
opposés, des communautés déjà développées.

Pour ces peuples, la routine fut moins inexo-
rable. Le contact d'autres nations ouvrit les esprits aux idées et aux habitudes étrangères.
Pour ne parler que du développement industriel
de ces communautés, elles connurent plus tôt
que d'autres des besoins multipliés, et pour les
satisfaire, elles s'attachèrent à faire rendre au
sol tout ce qu'il put donner : puis, lorsqu'elles
l'eurent épuisé, elles se firent traficantes et im-
portèrent les produits étrangers pour les échanger au loin avec profit.

Dès son origine, cependant, cet état social fut précaire. Ces petites communautés vécurent dans un état de guerre presque continuel. Les causes en sont faciles à comprendre. Pour celles plus grossières et purement agricoles, ce fut la pression constante exercée sur les produits d'un sol limité par une population croissante, pression aggravée par toutes les mauvaises récoltes. Dans de semblables circonstances, il arrivait que la communauté tout entière, logée trop à l'étroit, émigrait en masse, ou bien qu'à des époques presque périodiques, elle envoyait toute sa jeune population chercher au bout de l'épée quelque nation moins guerrière qu'on chassait de son patrimoine, ou mieux qu'on retenait pour cultiver désormais le sol au profit du vainqueur.

Ce que les tribus les plus pauvres faisaient ainsi par nécessité, les tribus riches et puissantes le faisaient par ambition et avidité ; si bien qu'en un temps donné toutes ces communautés de cités furent ou conquérantes ou assujetties. Quelquefois le vainqueur se contentait d'imposer un tribut au vaincu, et ce tribut, fruit de la violence, avait souvent ce résultat que, dispensant la nation soumise de toute dépense et de tous les soins de sa conservation, cette nation pouvait prospérer et marquer son passage par des découvertes et des applications utiles. La nation conquérante, cependant, en obtenait à son tour un accroissement de richesse qu'elle appliquait uniquement à la satisfaction de ses goûts de luxe

et de magnificence. De cette source sont sortis
les fonds qui ont payé la construction du Par-
thénon et des Propylées; ceux qui ont payé les
sculptures de Phidias et les fêtes célèbres pour
lesquelles ont été écrits les chefs-d'œuvre d'Es-
chyle, de Sophocle, d'Euripide, d'Aristophane.

Mais un tel état social, tout utile qu'il était au
progrès de l'humanité pendant sa durée, n'avait
point en soi les éléments d'un long avenir. Une
petite nation, lorsqu'elle ne prend pas soin de
s'assimiler les peuples qu'elle a conquis, finit
nécessairement par être conquise à son tour. La
domination universelle devait donc un jour échoir
en partage à la seule nation de l'antiquité qui
eût compris cette vérité, les Romains. Quels que
fussent les motifs de leurs guerres, elles finis-
saient toujours par la confiscation de la plus
grande portion du territoire conquis, donnée en
récompense aux principaux d'entre eux, et ils
avaient soin d'appeler au sein du gouvernement
les plus riches des indigènes auxquels, dans ce
dessein, ils conservaient leurs biens.

Il est inutile de nous arrêter à l'histoire économique si désastreuse de l'empire romain. Quand
l'inégalité des richesses commence, chez un
peuple qui ne travaille pas à réparer constamment par l'industrie les injures de la fortune,
cette inégalité se développe à pas de géant. Les
masses accumulées de richesses ne tardent pas à
absorber le reste. L'empire romain se couvrit à
la longue de vastes domaines territoriaux pos-

sédés par quelques familles, auxquelles furent
ainsi dévolues toutes les jouissances du luxe,
toutes les splendeurs de l'ostentation, tandis que
les cultivateurs du sol étaient esclaves ou pauvres
petits tenanciers dont la condition ne valait guère
mieux que celle des esclaves eux-mêmes. A dater
de cette époque, la richesse de l'empire déclina
d'abord, les revenus publics et les ressources
des riches avaient suffi à couvrir l'Italie d'édifices
splendides et d'habitations somptueuses; mais
plus tard ces revenus, ces ressources diminuè-
rent sous l'influence énervante des mauvais
gouvernements, et il ne resta plus même assez
de richesse disponible pour la simple conservation et l'entretien de ces masses de pierre et de
marbre. La force et la richesse du monde civilisé
ne furent plus un obstacle contre les incursions
des peuples nomades dont l'empire était menacé
au Nord. Ces peuples firent irruption, et l'antique civilisation disparut et fit place à un nouvel
ordre de choses.

Sous cette forme nouvelle, on peut considérer la population de chaque contrée comme
un composé de deux nations distinctes mêlées
en proportions inégales : les conquérants et les
vaincus; les uns, propriétaires du sol, les autres, ses cultivateurs. Ces derniers, on le conçoit, ne demeuraient fixés à la terre qu'à des
conditions onéreuses, résultat de la force, mais
ils étaient rarement réduits à l'état d'esclavage
absolu. Dès les derniers temps de l'empire, l'escla-

vage prédial avait presque partout fait place à
une espèce de servage. Les *coloni* des Romains
étaient des vilains plutôt que des esclaves, et l'in-
capacité absolue et le peu de goût qu'avaient les
conquérants pour toute administration des choses
rurales ou industrielles, les avaient obligés à
laisser aux véritables travailleurs un intérêt direct dans les produits de la culture. Ainsi, par
exemple, si ces travailleurs abandonnaient à
leurs maîtres les produits de trois jours de
travail, ils avaient la libre disposition des trois
autres jours de la semaine : s'ils étaient obligés
d'approvisionner le château et de nourrir toute
sa garnison; si souvent même les réquisitions
du maître étaient excessives, ils pouvaient au
moins disposer librement de l'excédent. Il n'était
donc pas impossible dans ces temps du moyen
âge, pas plus qu'il ne l'était en Russie, où ce
système a duré jusqu'à la récente émancipation
qui vient d'être décrétée, que les cultivateurs
du sol acquissent une propriété, et leurs accumulations sont en effet la source première de
la richesse de l'Europe moderne.

Dans ces siècles de violence et de désordre,
le premier usage que faisait un serf de la petite
portion de richesse qu'il lui avait été possible
d'accumuler, était d'acheter sa liberté, et de se
retirer dans quelque village fortifié, quelque
citadelle restée debout après la chute de l'empire, ou d'aller s'y cacher sans avoir acheté sa
liberté. Il y trouvait des hommes de sa condi-

tion; ils s'associaient pour y vivre et pour y
résister ensemble aux outrages et aux exactions
de la caste militaire. Ces serfs émancipés furent
surtout artisans : ils vécurent de l'échange des
produits de leur travail contre l'excédent des
produits du sol ravis aux cultivateurs par les
propriétaires féodaux. L'Europe présenta alors
un état analogue à la condition économique des
peuples de l'Asie ; seulement, au lieu d'un monarque unique entouré d'une foule d'employés
et de favoris sans cesse renouvelés, il y avait
en Europe une classe nombreuse et en quelque
sorte permanente formée de grands propriétaires. On ne vit pas alors se déployer le luxe
et la splendeur des monarques de l'Orient ; la
richesse produite par les travailleurs s'épar-
pillait en une infinité de mains, et ses possesseurs l'employèrent longtemps uniquement à
l'entretien de valets et de soldats, que l'état
précaire du pays, les habitudes de vol et de
déprédation, et le peu de protection donnée à
chacun par le gouvernement, rendaient indispensables.

Tout imparfait qu'il était, cet état économique
présentait déjà sur l'état correspondant des contrées asiatiques une amélioration considérable.
La fixité des personnes, la stabilité compa-
rative des positions, le rendaient plus acces-
sible aux améliorations. C'est de cette époque
en effet que date le progrès désormais continu de la civilisation. La sécurité des per-

sonnes, celle de la propriété, devinrent, à la
longue, les traits saillants de ce nouvel état de
choses. Les arts utiles y firent des progrès cons-
tants; le pillage ne fut plus la source principale
de l'accumulation, et l'Europe féodale devint
peu à peu l'Europe commerciale et manufacturière. Dans les derniers temps du moyen âge,
les villes de Flandre et d'Italie, les cités libres
de l'Allemagne, quelques villes même de France
et d'Angleterre, contenaient une population
nombreuse d'artisans énergiques, de bourgeois
puissants, dont les richesses étaient le produit
des manufactures ou du commerce d'échange.
Les Communes d'Angleterre, le tiers état de
France, la bourgeoisie du reste de l'Europe,
descendent en droite ligne de ces agglomérations. Ces classes savaient la valeur de l'accumulation; elles économisaient, pendant que les
descendants des conquérants dilapidaient leurs
trésors; aussi peu à peu les bourgeois se subs-
tituèrent-ils à l'aristocratie et devinrent-ils les
possesseurs de la plus grande partie du sol.
Cette tendance naturelle, cependant, fut contra-
riée par des lois ayant pour objet de retenir la
terre aux mains de ses possesseurs; mais elle
fut, en d'autres circonstances, favorisée par les
révolutions politiques. Graduellement donc,
bien que lentement, les cultivateurs immédiats
du sol, du moins dans les États les plus civilisés, cessèrent d'être une race de serfs, bien
que leur position légale, aussi bien que la con-

dition économique qu'ils acquirent, varie considérablement chez les différentes nations de
l'Europe et dans les grandes communautés fondées par les descendants des Européens au
delà de l'Atlantique.

Aujourd'hui le monde contient plusieurs régions étendues, pourvues des divers objets qui
constituent la richesse, à un degré dont les siècles passés n'ont pu même concevoir l'idée.
Sans travail forcé, la terre produit une immense
quantité d'aliments, et nourrit, outre ses travailleurs directs, un nombre égal, supérieur même
quelquefois, de travailleurs occupés à la production d'objets de consommation utile ou de
luxe, ou à les transporter de place en place.
Elle nourrit en outre ceux qui sont chargés de
la direction de tous ces travaux; elle nourrit
enfin, en même temps, une foule d'hommes
bien plus nombreuse qu'elle l'ait jamais été
jadis, dont les travaux n'ont pas une utilité directe, ou qui sont tout à fait oisifs. Les aliments
produits aujourd'hui nourrissent une population bien plus considérable qu'elle ait jamais
existé (du moins dans les mêmes régions) sur
un sol donné, et ils la nourrissent sûrement,
sans qu'elle ait désormais à redouter ces fa-
mines périodiques dans l'Europe du moyen âge
et encore aujourd'hui dans les contrées de
l'Orient. Mais la régularité des aliments n'est
pas le seul trait de notre époque; leur nature,
leur qualité, sont mieux assorties aux besoins

du genre humain, et le luxe lui-même, cet antique privilège de la richesse et de la puissance,
est descendu dans les couches dites inférieures
de la société. Quelle est la nation antique qui,
dans tout l'orgueil de sa puissance, ait eu conscience de ce que peut l'un des peuples modernes lorsque, sans s'imposer aucun sacrifice
sur son nécessaire ni même sur ses habitudes de
bien-être, il lui plaît de rassembler ses ressources pour un objet imprévu, pour l'exécution de grands travaux publics, par exemple,
pour des actes de réparation, comme le rachat
des esclaves des Indes occidentales, pour fon-
der des colonies, pour l'éducation de ses enfants, que sais-je? pour mettre à l'eau des
flottes nombreuses, pour entretenir des armées
innombrables et cependant disciplinées?

Mais bien que ces grands traits caractérisent
les nations modernes, ces nations diffèrent profondément entre elles. La richesse de chacune
est considérable, comparée à leur richesse en
d'autres siècles. Mais il existe entre elles à cet
égard des différences remarquables. Parmi les
nations même considérées aujourd'hui comme
les plus riches, les unes ont fait un plus profitable usage de leur territoire, elles ont obtenu
relativement à l'étendue de leur territoire un
produit beaucoup plus considérable, et ce produit s'accroît d'une manière beaucoup plus rapide chez les unes que chez les autres. Nous retrouverons des différences aussi sensibles dans

la distribution que dans la production. La condition des classes pauvres est loin d'être identique ; les classes aisées à leur tour sont plus ou moins nombreuses ; il n'est pas jusqu'à l'état et la dénomination des hommes qui se partagent les produits du sol, qui ne varient selon les lieux.

Dans certaines contrées, les propriétaires du sol forment une classe à part, presque complètement séparée des classes industrielles. En d'autres lieux, le détenteur du sol en est généralement le cultivateur : la charrue est à lui, s'il ne laboure lui-même. Là où le propriétaire ne cultive pas lui-même, il se trouve quelquefois entre lui et le travailleur un agent intermédiaire, le fermier, qui fait l'avance du salaire des travailleurs, fournit les instruments de production, et, après avoir payé au propriétaire une rente stipulée à l'avance, réalise tout le reste à son profit. En d'autres lieux, le propriétaire, les agents salariés et les travailleurs partagent seuls les produits.

Dans l'industrie manufacturière, on remarque les mêmes différences. Tantôt le travailleur se confond avec le manufacturier. Il possède ou emprunte les instruments, les outils, les machines nécessaires à son travail, et sa production est une affaire de famille. Tantôt le propriétaire de la manufacture a des travailleurs qu'il salarie et sur lesquels il réalise un profit.

Le commerce proprement dit présente des différences analogues. Les entreprises en gros,

il est vrai, sont presque invariablement dévolues aux riches capitalistes, là où ils existent;
mais le commerce de détail, qui emploie une
somme considérable du capital du pays, est
exercé par des individus à moyens bornés,
qui travaillent eux-mêmes aidés de leur famille ou d'un ou deux apprentis, tout au plus.
Il arrive cependant que ce commerce s'exerce
au moyen de vastes magasins, possédés par un
individu ou une association d'invidus, qui en
cette circonstances ont recours à des agents salariés des deux sexes.

Mais, outre ces différences dans les phénomènes économiques des diverses parties de ce
qu'on nomme le monde civilisé, il n'est aucune
des conditions primitives que nous avons énu-
mérées qui ne se retrouve aujourd'hui en quelque coin du globe. On trouve encore en Amérique des peuples chasseurs, des nomades en
Arabie et dans les steppes du nord de l'Asie.
La société orientale ne s'est presque pas encore modifiée; elle est ce qu'elle a toujours été.
Le grand empire des Russies n'est autre chose
que ce que fut l'Europe féodale, presque sans
modifications. Nous retrouvons autour de nous
tous les grands types de la société humaine,
jusqu'aux Esquimaux et aux Patagons.

Mais ces variations étranges, ces différences
remarquables dans la condition de l'homme
selon les lieux qu'il habite, ces modifications
dans la production et la distribution des ri-

chesses, doivent, comme tous les autres phénomènes, dépendre de certaines causes. Ce n'est
pas en rendre compte que de les attribuer exclusivement aux divers degrés d'instruction possédés par les peuples selon les temps, à leur connaissance plus ou moins étendue, plus ou moins
approfondie des lois de la nature et des arts
physiques. Il existe bien d'autres causes à ces
anomalies, et il serait vrai de dire que cet état
même des connaissances humaines est tout autant l'effet que la cause de l'état de la production et de l'inégale distribution de la richesse.

Considérée comme résultant de l'état des
connaissances physiques, la condition économique des nations devient l'objet du domaine de
la science physique et des arts qui en découlent.

Considérée au contraire comme résultant de
causes morales ou psychologiques, dépendant
des institutions et des relations sociales, ou des
principes de la nature humaine, l'investigation
de la condition économique des nations n'appartient plus aux sciences exactes ou physiques,
elle devient l'objet de l'étude de l'économie
politique.

La production des richesses, l'extraction des
subsistances, des éléments de jouissance, des
matières premières offertes par le globe, n'est
évidemment pas une chose arbitraire. Elle a ses
conditions nécessaires; les unes sont physiques :
elles découlent des propriétés de la matière, ou
plutôt de l'état des connaissances possédées en

certains lieux, en certains temps, sur ces propriétés. Ces condi ions, l'économie politique ne les étudie pas, elle les constate, s'en remettant pour leur investigation à l'expérience et à la science. Comparant ensuite ces faits de la nature extérieure avec d'autres vérités appartenant à la nature de l'homme, elle cherche les lois secondaires qui dérivent de cette étude et qui déterminent la production des richesses. C'est dans cette comparaison qu'elle doit trouver l'explication des causes qui ont rendu si inégales la richesse et la pauvreté chez les divers peuples, et la base de tout accroissement de richesse réservé à l'avenir.

Au contraire des lois de la production, celles de la distribution sont en grande partie d'institution humaine. Le mode dont la richesse est distribuée dépend des lois et des usages prévalant en diverses contrées. Mais si les gouvernements ou les peuples ont le pouvoir de décider quelles seront les institutions du pays, ils n'ont pas celui de déterminer arbitrairement comment ces institutions fonctionneront. Il appartient à la science économique, et c'est un droit qu'elle possède, de rechercher les conditions d'où découle le pouvoir que ces institutions s'arrogent sur la distribution et la manière dont cette distribution est affectée par les divers modes le conduite qu'il convient aux nations d'adopter de suivre.

Les lois de la production et de la distribution

et quelques-unes des conséquences pratiques qu'on en peut déduire font l'objet du traité suivant.

LIVRE PREMIER

CHAPITRE PREMIER

DES CONDITIONS DE LA PRODUCTION.

Deux choses sont nécessaires à la production : le travail et les objets naturels appropriés.

Le travail peut être manuel ou intellectuel, ou pour parler plus distinctement : ce travail peut être soit musculaire, soit nerveux; et dans cette idée il est nécessaire d'inclure non seulement l'effort lui-même, mais tous les sentiments, toutes les sensations de nature désagréable, tous les inconvénients qui résultent, pour le corps ou l'esprit, de l'emploi que fait l'homme soit de ses muscles, soit de son cerveau, soit de l'un et de l'autre à la fois dans le travail d'une profession.

Quant à l'autre élément de la production, les objets naturels appropriés, il convient de remarquer que certains objets existent ou sont produits spontanément, qui sont propres à la satisfaction des besoins des hommes. Il existe des souterrains, des arbres creux qui peuvent offrir à l'homme un abri ; il existe des fruits, des racines, du miel sauvage et autres produits naturels qui peuvent servir à entretenir la vie. Mais encore, s'il ne s'agit pas de créer, il s'agit de trouver, d'approprier, de conserver ces objets, et ce n'est pas sans travail que cette appropriation s'obtient. A part ces quelques cas exceptionnels et qui n'ont d'importance que pour la vie de l'homme sauvage, les objets naturels ne sont utiles à la satisfaction des besoins de l'homme qu'après avoir subi quelque transformation due au travail. La bête de la forêt, le poisson de la mer, ne servent à la nourriture du sauvage qu'après avoir été tués, dépouillés, puis coupés en pièces et soumis à quelque opération culinaire qui, bien que grossière et peu comparable au travail d'appropriation de l'objet, n'atteste pas moins un effort de l'esprit et du corps, un travail enfin.

La transformation des objets par le travail humain varie à l'infini. Si quelquefois ce travail laisse à l'élément sa forme ou sa nature première presque tout entière, il peut arriver aussi que le travail dénature ces éléments d'une manière absolue et sans qu'il soit possible d'en retrouver la trace. Qui pourrait dans le minerai de fer reconnaître la charrue, la scie, la hache, qui en proviennent ? Y a-t-il

quelque ressemblance entre la porcelaine de
nos tables et le granit décomposé dont elle est
faite ? entre le sable et la soude et le verre qui
garnit nos fenêtres ? Et cette toison de mouton,
cette poignée de graines de coton, qui les re-
connaîtrait à ce voile de mousseline transpa-
rente, à ce drap soyeux et chaud ? Et ces
graines et cette toison sont-elles des produits
naturels ? Non assurément : la main et l'esprit,
le travail de l'homme, ont une large part à
leur production. Dans ces divers cas, le produit dernier est si essentiellement différent de
la substance fournie par la nature, que dans le
langage habituel on dit que la nature fournit
la matière et ne fournit rien autre.

Et cependant le rôle de la nature n'est pas
borné à fournir la matière ; elle fournit aussi
des forces. La matière dont se compose le globe
n'est pas un réservoir inerte de formes et de
propriétés que la main de l'homme peut saisir
et s'approprier : elle possède des forces actives
qui la rendent propre à aider le travail et
quelquefois même à le remplacer.

Définition de la fonction du travail.

Il arrive souvent qu'on tire une conséquence
fausse de cette assistance des forces naturelles
en comparant ensemble les fonctions du travail
et celles des agents naturels ; on raisonne
comme si l'assistance de ces forces était limitée

aux cas où elles viennent, comme il a été ex-
pliqué, remplir une partie des fonctions qu'eût
accomplies le travail manuel à leur défaut ;
comme si, dans le cas où la main de l'homme
accomplit le travail, la nature ne fournissait que
la matière inerte. C'est là une illusion. Les
forces de la nature se manifestent aussi bien
dans un cas que dans l'autre. Un ouvrier prend
une tige de chanvre, il la fend en plusieurs
brins, en arrache les fibres textiles, puis il
tord plusieurs de ces fibres ensemble, au moyen
d'un simple instrument appelé un fuseau. De
cette façon, il compose des fils qu'il place à
côté les uns des autres ; il place ensuite d'autres fils en travers des premiers ; puis il s'ar-
range de façon à abaisser et à soulever alternativement une moitié de ces premiers fils, et en
s'aidant d'un petit instrument appelé navette,
il parvient à entremêler les fils de sorte que les
derniers passent alternativement dessus et des-
sous chacun des premiers. Par ces moyens ingénieux, il produit un tissu d'étoffe plus ou
moins fin, selon la matière employée, selon le
fil qui la produit. On dit alors que cet ouvrier
a accompli son œuvre de ses seules mains ; on
suppose qu'aucun agent naturel ne lui est venu
en aide. Mais quelle est donc la force qui à
chaque pas l'a aidé dans sa tâche et a permis à
son étoffe de rester entière ? N'est-ce pas la
force d'attraction, de cohésion des fibres du
chanvre ? et cette force n'est-elle pas un agent

naturel ? une force qui peut être mesurée,
comparée à quelque autre force mécanique et
calculée à sa valeur exacte ? L'homme ne fait
rien que mouvoir un corps vers un autre, ou
l'en éloigner. Il meut une graine vers le sol, et
les forces naturelles de la végétation produisent successivement une racine, un tronc, des
feuilles, des fleurs, des fruits. Il meut une hache
vers un arbre et l'arbre tombe par la force de
la gravitation. Il prend une scie et la meut dans
un certain sens à travers l'arbre tombé, et les
propriétés physiques de l'un et l'autre corps font
que l'arbre se débite en planches que l'homme
peut arranger en diverses positions, qu'il peut
clouer ensemble, ou coller, et dont il fait un
coffre, une table, une maison.

Le travail, dans le monde physique, n'est
utilisé que pour mettre les objets en mouvement. Les propriétés de la matière, les lois naturelles font le reste. Le génie, l'adresse de
l'homme, consistent à découvrir des mouvements, des forces pratiques, et qui puissent
concourir aux effets qu'il veut obtenir. Mais si
le mouvement est le seul effet que l'homme
puisse produire et obtenir immédiatement et
directement de ses muscles, il ne s'ensuit pas
qu'il doive demander à ses muscles tout le
mouvement dont il a besoin. Le premier emprunt qu'il ait dû faire pour aider l'action de
ses muscles est nécessairement la force musculaire des animaux ; puis vint l'assistance des

forces de la nature inanimée, du vent, de l'eau,
qui se meuvent et qui communiquent leur
mouvement à la roue, qu'avant ce temps mettait en mouvement la force musculaire. Et
comment ce service est-il demandé, est-il obtenu de ces éléments ? n'est-ce pas par un certain
mouvement ? n'est-ce pas en plaçant certains
objets dans une certaine position, de telle sorte
qu'ils constituent une machine ? Mais la force
musculaire, qui a été nécessaire à cette création,
devient ensuite inutile ; elle peut être employée
à autre chose, et la machine procure une
grande économie de travail.

———————

Nous démontrerons ci-après l'influence qu'a
sur l'économie des sociétés la limite assignée
aux agents naturels, et principalement à la
terre. Nous nous bornerons quant à présent
à remarquer que, tant qu'un agent naturel
est illimité en quantité, il ne saurait, à
moins d'être monopolisé par la force, avoir
aucune valeur échangeable sur le marché,
puisque personne ne peut être disposé à payer
ce qu'il peut obtenir gratuitement. Mais dès
qu'une limitation se fait sentir, dès que la quantité de l'agent naturel n'est plus assez considérable pour que tous ceux qui en ont besoin
puissent se l'approprier sans payer, cet agent
devient alors marchandise et acquiert une valeur échangeable.

CHAPITRE III

DU TRAVAIL IMPRODUCTIF.

,Le travail ne produit pas des objets, mais des utilités.

Le travail est indispensable à la production, mais cela n'implique pas que tout travail ait la production pour résultat. Il est certains genres de travail d'une utilité incontestable, et qui n'ont pas la production pour objet. C'est pourquoi l'on a distingué le travail productif et le travail improductif. Les économistes ont longtemps discuté la question de savoir ce qu'on doit appeler travail productif et travail improductif, ils n'ont pas toujours aperçu qu'entre leurs théories il n'y avait pas une différence basée sur des faits réels.

Il est des auteurs qui donnent le nom de « productif » au seul travail dont le résultat se traduit par un objet palpable pouvant passer d'une personne à une autre ; il en est d'autres, parmi eux Mac Culloch et J.-B. Say, qui, prenant en mauvaise part le mot improductif, ne consentent à l'imposer à aucune espèce de travail dont le résultat puisse être considéré comme utile et produisant un bénéfice ou procurant un plaisir. Le travail des employés du gouvernement, des officiers des armées de terre et de mer, des médecins, des avocats, des professeurs, des musiciens, des danseurs, des auteurs, des domestiques, etc., quand ils remplissent les fonctions pour lesquelles ils sont payés, et que leur nombre est limité à la tâche à remplir, ne peut être sans injustice stigmatisé du mot d'improductif, expression qu'ils regardaient comme synonyme de dépensier et sans valeur. Cette opinion me semble venir d'un malentendu.

La production n'est pas le seul but de l'homme sur la terre : le terme improductif n'a donc en soi rien d'injurieux, moins dans la science économique que dans aucune autre. C'est ici une simple question de termes, de nomenclature, mais qui n'est pas sans importance, même lorsqu'elle n'est pas basée sur une différence d'opinion ; aussi convient-il de s'arrêter aux diverses significations qu'on peut attacher aux mots productif et improductif lorsqu'on les applique au travail.

D'abord, il importe de rappeler que, même dans ce qu'on appelle la production d'objets matériels, ce qui est produit n'est pas la matière qui les compose. Tout le travail de tous les hommes ensemble serait inhabile à créer une particule de matière. Tisser un drap n'est autre chose que réarranger d'une façon particulière

4

les brins de laine. Faire croître du grain n'est
autre chose que placer une certaine matière appelée semence, dans une situation telle qu'elle
puisse s'assimiler des particules d'autres matières tirées de la terre et de l'eau, et former
une nouvelle combinaison appelée plante.

Quoique nous ne puissions créer la matière,
nous pouvons arriver à lui donner des propriétés qui, d'inutile qu'elle était d'abord pour
nous, la rendent utile et profitable. Ce que nous
produisons, ou ce que nous désirons produire,
est toujours, comme Say le dit avec raison,
une *utilité*. Le travail ne crée pas des objets, il
crée des *utilités*. De même, il convient d'observer que nous ne consommons ni ne détrui-
sons les objets eux-mêmes. La matière dont ils
se composent demeure, bien que plus ou moins
altérée dans sa forme ; ce qui a été réellement
consommé, ce sont les qualités qui avaient mis
cette matière en harmonie avec nos besoins.
Aussi M. Say et quelques autres écrivains de-
mandent-ils avec raison : Pourquoi tout travail
qui produit une utilité ne serait-il pas considéré
comme productif, puisque ce que nous produisons n'est pas l'objet lui-même, mais seulement
son utilité ? Pourquoi refuserait-on le titre de
producteur au chirurgien qui remet un membre,
au juge, au législateur qui assurent la tranquil-
lité, quand on le donne au lapidaire qui polit
un diamant ? Pourquoi le dénier au professeur
qui m'a enseigné l'art qui me met à même de

gagner mon pain, et l'accorder au confiseur qui
fait des bonbons pour la satisfaction momen-
tanée d'un sens matériel ?

Il est bien vrai que toutes ces sortes de travaux sont productifs d'utilité ; et la question
qui nous occupe n'en serait pas une, si la production d'utilité était suffisante à satisfaire la
notion que les hommes se sont formée du travail productif.

Les utilités sont de trois espèces.

Les utilités produites par le travail sont de
trois sortes :

1° Les utilités fixées et incorporées dans les
objets extérieurs par le travail employé à donner
à des choses matérielles des propriétés qui les
rendent propres à servir à des êtres humains.
Ceci est la règle commune, et n'a pas besoin de
commentaires.

2° Les utilités fixées et incorporées dans les
êtres humains : le travail, dans ce cas, est employé à donner à des êtres humains des qualités
qui les rendent propres à servir à eux-mêmes
et aux autres. A cette classe appartient le travail
de tous ceux qui s'occupent d'éducation; non
seulement des maîtres d'école, des gouverneurs,
des professeurs, mais encore des gouvernements,
en tant qu'ils tendent avec succès à l'amélioration du peuple; des moralistes, des gens d'église,
en tant qu'ils produisent quelque avantage; le

travail des médecins, en tant qu'il est efficace
pour la conservation de la vie ou de l'esprit;
celui des professeurs des arts gymnastiques;
celui des professeurs de sciences, d'arts, de métiers; celui des étudiants et des apprentis; enfin
le travail de tous ceux qui font l'occupation de
leur vie d'améliorer la condition morale et physique, c'est-à-dire d'enseigner à cultiver les facultés de l'esprit et du corps, soit d'eux-mêmes,
soit des autres.

3° Et enfin, les utilités qui ne sont fixées ou
incorporées dans aucun objet, mais qui consistent dans un simple service rendu, un plaisir
donné, une peine ou un inconvénient épargné,
pendant un temps plus ou moins long, mais
sans laisser après soi de traces durables et qui
se reconnaissent à l'accroissement des qualités
de la personne ou de la chose. Dans ce cas, le
travail est employé à produire directement une
utilité; tel est, par exemple, le travail du musi-
cien, de l'acteur, du déclamateur public, etc.
On peut dire, il est vrai, que tous ces genres de
travaux peuvent produire d'une manière durable
et permanente quelque bien soit dans les sentiments et les dispositions, soit dans l'état de bien-
être et de jouissance des spectateurs; de même
ils peuvent être nuisibles : mais ni ce bien ni ce
mal ne sont le but qu'on se propose; ce n'est ni
pour le spectateur ni pour le démonstrateur un
travail d'amélioration sociale ou individuelle.
Leur mobile est le plaisir immédiat, rien de

plus. Tel est encore le travail de l'armée et de la marine militaire. Leur but utile, s'il en est, est de mettre obstacle à la conquête du pays, de le préserver d'insulte. C'est un service, et ce service ne diminue ni n'augmente directement la richesse de la nation.

Le travail productif est celui qui produit des utilités fixées et incorporées à des objets matériels.

Il convient d'examiner à laquelle de ces trois classes de travail doit appartenir le nom de travail productif de richesse; puisque c'est ainsi qu'il faut interpréter le mot productif quand il est employé seul et absolument. A moins de faire usage du mot par métaphore, les utilités de troisième classe, celles qui consistent seulement en plaisirs, sans autre durée qu'eux-mêmes, ou bien en services aussi passagers, ne sauraient être considérées comme richesse. — L'idée de richesse implique essentiellement celle d'accumulation. Les choses qui, après leur création, ne peuvent être conservées, au moins pendant un temps, avant leur emploi, ne sont guère, que je sache, considérées comme richesse, puisque celui qui en jouit, quelque abondantes qu'elles soient, n'en est ni plus ni moins riche après qu'avant. Mais on ne viole pas l'usage d'une manière aussi absolue quand on dit que tout produit susceptible à la fois d'accumulation et d'utilité doit être considéré comme richesse.

L'adresse, le talent, l'énergie et la persévérance
des artisans d'un pays font partie de la richesse
de ce pays tout aussi bien que les machines et
les outils du travail (1). Selon cette définition,
nous devons regarder comme productif tout travail employé à conférer une utilité permanente,
que cette utilité soit incorporée dans des êtres
humains, ou dans tout autre objet animé ou
inanimé.

Mais dans l'application du mot *richesse* aux
capacités des êtres humains, il semble toujours

(1) Quelques autorités considèrent comme une propriété
essentielle de la richesse de pouvoir être transférée et, comme
les qualités personnelles et même la capacité productive d'un
être humain ne peuvent pas être séparées de la personne et
transférées à une autre, elles refusent à ces qualités le nom
de richesses et au travail qui les développe la qualification
de productif. Il me semble pourtant que l'habileté d'un artisan, par exemple, étant d'une possession désirable et susceptible de durer (sans parler de son influence productive
de richesse nationale), il n'y a pas de motif de lui refuser
le nom de richesse, parce qu'elle est attachée à une personne, tandis qu'on l'accorde à une mine de houille et à
une manufacture attachées à un lieu déterminé. D'ailleurs
si l'on ne peut séparer l'habileté de l'artisan de sa personne,
l'usage de cette habileté peut être transféré ; on peut le louer,
si l'on ne peut l'acheter ; elle est même vendue carrément
dans tous les pays où la loi permet qu'un homme soit vendu.
Si cette vente est impossible, ce n'est pas par nature, mais
par l'effet d'obstacles légaux et moraux. Comme je l'ai déjà
dit, je ne classe pas l'homme entre les richesses. Il est la
fin des richesses, mais ces capacités acquises, qui existent
seulement comme moyens de produire et qui ont été appelées
à l'existence par le travail, me semblent pouvoir être correc-
tement qualifiées de richesses.

qu'il y ait dans l'esprit une relation implicite
entre ce terme et les objets matériels produits.
On appelle richesse l'adresse d'un artisan, par
cela seul que cette adresse est le moyen d'acquérir la richesse matérielle; on ne regarde pas
comme richesse une adresse qui ne mène pas à
ce but ostensiblement. Ce n'est pas par métaphore qu'on appellerait riche une contrée dont
les habitants seraient doués de vertus, de génie,
de talents, si ces talents, ces vertus n'avaient
pour effet d'attirer la richesse des autres contrées, comme cela s'est vu autrefois chez les
Grecs, comme de nos jours cela se voit dans
quelques contrées modernes. — Si j'étais appelé
à faire une nouvelle langue technique, il me
paraîtrait assurément plus convenable d'établir la différence des termes sur la perma-
nence, que la matérialité de l'objet produit; mais
puisque nous sommes forcés de faire usage de
termes dont le langage ordinaire a pris une
entière possession, il convient de s'écarter le
moins possible de la signification qu'ils ont
aujourd'hui; un avantage de terminologie obtenu par la violence faite à quelque signification
dès longtemps admise me paraît valoir moins
qu'il ne coûte : l'obscurité ne tarde pas à naître
de ce conflit entre la science et l'usage.

Quand donc, dans ce traité, je parlerai de la
richesse, il est bien entendu que c'est de la
richesse matérielle seule qu'il sera question, et
que, par travail productif, j'entendrai le travail

dont l'emploi produit des utilités inhérentes,
incorporées aux objets matériels ; mais en me
limitant à ce sens du terme, j'entends m'en servir
dans toute l'étendue de cette limitation même,
et je ne refuserai pas le titre de productif au
travail qui ne crée pas un objet matériel immédiat, pourvu que le résultat dernier de ses
efforts soit un produit matériel. Ainsi je considère le travail dépensé dans l'acquisition
d'adresse manufacturière comme travail productif, non pas à cause de l'adresse acquise,
mais à cause des résultats matériels qui seront
produits par elle, résultats qui n'auraient pu
être obtenus sans le travail qui a créé l'adresse.
Le travail des agents du gouvernement qui con-
fère la protection et la sécurité, lesquelles, de
quelque manière qu'elles soient, sont essentielles
à la prospérité de l'industrie, doit être aussi
classé comme producteur de richesse matérielle,
parce que, sans lui, la richesse matérielle n'exis-
terait pas, ou du moins ne serait pas aussi abondante qu'elle l'est. On peut dire que ce travail
est *indirectement* productif en opposition avec
le travail du fileur ou du laboureur, mais ils ont
le même caractère : ils laissent le pays plus
riche en produits matériels qu'ils ne l'ont trouvé ;
ils augmentent ou tendent à augmenter la richesse matérielle.

CHAPITRE V

L'industrie est limitée par le capital.

La première des propositions élémentaires ou théorèmes relatifs au capital est celle-ci : L'industrie est limitée par le capital. Cette vérité est tellement évidente qu'elle est reçue sans examen en maintes circonstances ; mais apercevoir la vérité par occasion est une chose, et c'en est une autre que de la reconnaître toujours et de n'admettre aucune proposition qui la nie. Tout évident qu'il est, cet axiome est resté jusqu'à ces derniers temps hors de la sphère des pensées des législateurs et des écrivains ; des doctrines incompatibles avec lui ont été propagées et inculquées aux esprits.

Et cependant cette vérité est admise jusque dans des expressions comme les suivantes. On dit : « Appliquer son capital à telle industrie, » pour exprimer la direction donnée à l'industrie vers tel ou tel emploi. Mettre du travail sur la

terre s'exprime ainsi : appliquer un capital à la
terre. De même pour une manufacture. Ces
façons de s'exprimer impliquent bien évidemment que l'industrie ne saurait s'étendre là où
manquerait le capital. Cette proposition doit être
admise aussitôt qu'exprimée et comprise. L'expression « appliquer un capital » est métapho-
rique sans doute. Ce qui est appliqué, c'est le
travail, mais le capital est une condition indispensable de l'application. De la même manière,
nous parlons souvent de la force productrice de
ce capital; cette expression n'est pas littérale-
ment correcte. La force productive est celle du
travail et des agents naturels ; et si, par extension,
on peut parler de la force productive du capital,
ce n'est que dans les instruments, les outils, le
vent, l'eau, qu'on peut dire que cette force réside
et coopère avec le travail à la production. La subsistance du travailleur et les matériaux de production n'ont pas de puissance productive. Mais
le travail ne peut exercer sa puissance productive sans être aidé par ces éléments. — Il ne
saurait y avoir d'industrie, de travail, là où ne
seraient pas les matières sur lesquelles il devra
s'exercer, les aliments qu'il devra consommer.
Quelque évident qu'il soit pour tous que toute
la population d'une contrée est entretenue, non
du travail actuel, mais des résultats d'un travail
passé, cette vérité est trop souvent oubliée. On
consomme ce qui a été produit, et non ce qui
le sera. Mais ce n'est pas tout ce qui a été pro-

duit que consomme le travail productif; ce n'en est qu'une portion : donc il ne peut y avoir de travail productif qu'en raison directe de la portion qui lui est destinée (et c'est là le capital de la nation), et qui servira à le pourvoir d'aliments, d'instruments et de matières premières pour la production.

Cependant, en dépit d'un fait si évident, d'une vérité si triviale, on a longtemps persisté à croire que les lois et le gouvernement, sans créer le capital, pouvaient créer l'industrie. Non pas en rendant les hommes plus laborieux, ou plus capables d'un travail plus efficace (ce sont là des choses auxquelles peut contribuer l'action des gouvernements), mais sans s'inquiéter de la science, ou de l'habileté des travailleurs, sans forcer à travailler ceux qui jusque-là étaient demeurés oisifs; il est des gens qui ont cru que le gouvernement pouvait, sans aucun accroissement de capital, créer du travail, augmenter la production. L'un proposait d'arrêter, par une loi de prohibition, l'importation de quelque objet manufacturé; et quand, par l'effet de cette loi, il avait obligé le pays à fabriquer des objets similaires, il se glorifiait d'avoir enrichi le pays d'une branche nouvelle d'industrie, étalait à tous les yeux des tableaux statistiques, exposait le chiffre de la production nouvelle, et celui du travail qu'elle avait nécessité, et affirmait avec orgueil que la nation s'était enrichie d'autant par l'effet de la loi de prohibition. Cette espèce d'arithmétique politique est tombée dans le discrédit en Angleterre, mais elle fleurit encore chez les nations du continent. Si les législateurs s'étaient doutés que l'industrie est limitée par le capital, ils auraient compris que, le capital de la nation ne s'étant pas accru, tout ce qui, par la vertu de leur loi, a été appliqué à la nouvelle industrie, a dû être soustrait de quelque autre emploi préexistant, ou si ce capital était encore sans emploi, il aurait trouvé à s'employer de quelque autre sorte, entretenant un nombre de travailleurs à peu près aussi considérable que dans l'emploi qu'on lui a donné (1).

(1) Il faut admettre ici une exception en faveur des industries qu'on appelle domestiques. Le travail de ces industries étant accompli par des ouvriers de familles déjà nourries par un autre travail, il n'est pas nécessaire pour la création de ces industries d'y appliquer d'autre capital que celui qui est nécessaire à l'acquisition des instruments, outils et matières, et qui se borne souvent à peu de chose. Si donc un droit protecteur donne naissance à de pareilles industries, il y a réellement accroissement dans la production du pays.

Il importait d'admettre cette exception, afin de rendre notre proposition théorique invulnérable. L'exception, du reste, ne nuit en rien à la doctrine pratique du libre échange. D'après la nature même des choses, les industries domestiques ne sauraient exiger de protection, puisque la subsistance des travailleurs étant assurée d'autre part, le prix du produit, quelque minime qu'on le suppose, est presque tout bénéfice. Si donc les producteurs domestiques se retirent de la concurrence, ce ne peut être par nécessité, mais parce que le prix qu'ils peuvent obtenir du produit ne vaut pas la peine, dans l'opinion des juges les plus éclairés, ceux qui jouissent de l'un et qui endurent la seconde. Ainsi ils aiment

L'accroissement du capital donne un surcroît d'emploi et de travail, sans limite assignable.

Si, d'une part, l'industrie est limitée par le capital, tout accroissement de capital donne ou doit donner, d'autre part, un emploi, un aliment nouveau à l'industrie. Il n'est même pas possible d'assigner une limite à cette faculté. Je ne prétends pas nier que le capital, ou une portion au moins, puisse être employé de façon à ne pas entretenir des travailleurs, puisqu'il peut être immobilisé dans des machines, des bâtiments, des améliorations foncières, etc. Dans tout accroissement notable de capital, il en est généralement une partie considérable qui est ainsi employée, et qui ne sert pas à l'entretien des travailleurs, mais seulement coopère avec eux à la production. Ce que je veux dire, c'est que cette autre portion de capital, qui est destinée à l'entretien du travailleur, peut, en supposant que tout reste égal, s'accroître indéfiniment, sans créer une impossibilité à son propre emploi. En d'autres termes, s'il se trouve des êtres humains capables de travailler, et des aliments pour leur subsistance, ils peuvent toujours être employés à produire quelque chose.

Il importe de s'appesantir sur cette proposi-

mieux acheter les vêtements que de les fabriquer. Ils ne veulent pas continuer un travail dont la société n'estime pas assez le fruit pour le payer ce qu'il vaut dans leur opinion.

tion. Elle est de celles qu'on admet volontiers lorsqu'elle est présentée d'une manière générale, mais qui échappe facilement lorsqu'on cherche à se diriger au milieu des faits actuels et de la confusion qu'ils présentent. Elle est aussi très opposée aux doctrines qui ont cours dans le monde. Il n'est pas d'opinion plus accréditée que celle qui affirme que la consommation improductive des riches est nécessaire pour donner de l'emploi aux pauvres. Avant Adam Smith, cette assertion trouvait à peine un contradicteur, et même après lui des auteurs du plus haut mérite, et dont les noms sont célèbres (1), ont affirmé que si les consommateurs épargnaient et convertissaient en capital une portion plus considérable de leur revenu, que s'ils ne dépensaient pas improductivement une partie de ce revenu, toujours en raison directe du capital du pays, l'accumulation qui s'ensuivrait serait une perte réelle, puisqu'il ne se trouverait pas de marché pour les objets créés à l'aide de ce capital. Je regarde cette opinion comme l'une des nombreuses erreurs qui se sont emparées de l'économie politique, et qui proviennent de ce qu'on commence l'étude des phénomènes les plus complexes et les plus concrets, avant d'avoir assuré sa marche par l'examen des faits simples et plus faciles à décomposer.

(1) M. Malthus, docteur Chalmers; M. de Sismondi, entre autres.

Chacun peut concevoir que si un gouvernement de bonne volonté possédait toute la nourriture, tous les instruments et les matériaux de
travail de la communauté, il exigerait de chacun
du travail en échange de la part d'aliments qu'il
lui concéderait ; il ne serait certes pas en
danger de ne pas trouver à employer ce travail
productif, puisque aussi longtemps qu'il y aurait
un besoin à satisfaire, le travail pourrait être
dirigé en conséquence. Or, les individus possesseurs du capital, lorsqu'ils l'augmentent par
l'accumulation, ne font rien autre chose que ce
que nous venons de supposer de la part d'un
gouvernement bienveillant. Comme il est permis
de faire des hypothèses, supposons le cas le plus
extrême qui puisse se concevoir : supposons qu'il
vienne à la pensée de tous les détenteurs de
capitaux, qu'ils n'ont ni plus de vertu ni plus
de mérite qu'un simple artisan, et qu'en conséquence ils ne doivent pas dépenser plus que
lui pour leur entretien ; qu'en conséquence encore ils économisent tout le surplus de leurs
profits. Ou bien encore supposons que cette abstinence n'est pas volontaire, mais qu'elle leur est
imposée par la loi, ou par l'opinion, à eux aussi
bien qu'aux propriétaires du sol. Voici donc la
consommation improductive réduite à sa plus
étroite limite. On se demande alors : « Mais que
va-t-on faire de cet accroissement de capital ? »
Qui achètera les produits de tout le travail nouveau ? Il n'y a plus de demandes même pour les

produits précédents. Les produits, dira-t-on, vont
donc rester invendus, ils périront dans les magasins, jusqu'à ce que le capital soit redescendu
à sa limite première, ou plutôt à la limite plus
restreinte encore, indiquée par le ralentissement
de la demande d'autrefois. C'est là un côté seulement de la question. Dans l'hypothèse où
nous nous sommes placés, il n'y aurait plus de
place pour les articles de luxe. Les capitalistes
et les propriétaires fonciers restreindraient leur
consommation, dans le but d'augmenter leur
capital productif. Mais ils n'anéantiraient pas
pour cela ce qu'on peut appeler *leur force de
consommation.* Ils la transféreraient aux travailleurs auxquels le capital de surplus viendrait en
aide. Quant à ces derniers, on peut faire à leur
égard deux suppositions : leur nombre aurait
pu s'accroître en raison directe de l'accroissement du capital, ou bien leur nombre ne se serait pas accru. S'ils sont plus nombreux, il est
clair que la production d'objets de première nécessité doit prendre la place de celle des choses
de luxe, et fournir ainsi exactement la même
quantité de travail. Si, au contraire, le nombre
des travailleurs ne s'est pas accru, toute la dépense faite autrefois en choses de luxe, par les
capitalistes et les propriétaires fonciers, va être
distribuée, sous la forme d'augmentation de
salaires, aux travailleurs productifs. Mais, dira-
t-on, ils peuvent avec les anciens salaires satisfaire à tous leurs besoins... Eh bien ! ils dépen-

seront en choses de luxe la portion additionnelle
que leur fait l'état des choses, et le capital, employé autrefois en choses de luxe, ne changera
pas de destination. Seulement le luxe, au lieu
d'être, comme auparavant, le privilège de quelques-uns, se répandra dans toutes les couches
de la population. L'accumulation, la production
pourraient aller ainsi croissant jusqu'à ce que
tous les travailleurs aient atteint toutes les jouissances de luxe compatibles avec la continuation
du travail; en supposant, il est vrai, que leur
puissance de production fût suffisante à produire
de quoi satisfaire ces nouveaux besoins de luxe
pour tous les membres de la classe des travailleurs. Ainsi la limite de la richesse n'est pas
fixée par le nombre des consommateurs, mais
bien par celui des producteurs, par la quantité
de puissance productive qui existe à une époque
donnée. Toute addition, tout accroissement de
capital donne au travail, soit une addition d'emploi, soit une addition de rémunération. S'il
trouve des bras nouveaux prêts à travailler, il
accroît la production générale ; s'il ne trouve
que les mêmes bras employés auparavant, il
accroît leur rémunération, et même, en ce dernier cas, il peut accroître la production, en stimulant les travailleurs par un salaire plus abon-
dant.

Le capital est le résultat de l'épargne.

La source qui produit le capital donne lieu à

un deuxième théorème fondamental : le capital
est le résultat de l'épargne. Ce qui a été dit auparavant prouve l'évidence de cette proposition.
Néanmoins, il convient de la développer encore.

Si tous ceux qui produisent, si tous ceux qui
tirent leur revenu du produit des autres, al-
laient se mettre à dépenser tout ce qu'ils reçoivent ainsi, le capital ne s'accroîtrait pas. Tout
le capital qui existe, à l'exception d'une portion
presque insignifiante, est le résultat de l'épargne. Je dis à l'exception d'une portion insignifiante, parce qu'une personne qui travaille pour
elle-même peut dépenser pour elle-même tout
ce qu'elle a produit, sans s'appauvrir. La provi-
sion sur laquelle elle subsiste jusqu'à la réalisation de sa récolte ou la vente de son produit,
bien que réellement capital, ne peut être considérée comme résultant de l'épargne, puisqu'elle
est toute consommée à la satisfaction de ses
besoins, aussi promptement peut-être que si le
producteur vivait dans l'oisiveté. Mais en supposant même un certain nombre d'individus
établis sur quelques portions de terre, vivant
du produit de leur travail et consommant tout
ce produit, encore faut-il bien que ces individus
économisent, c'est-à-dire qu'ils mettent de côté
la semence de la récolte prochaine. Il y a donc
épargne, même dans cet état, qui constitue la
plus simple des conditions économiques. Ils ont
produit plus qu'ils n'ont dépensé : ils ont dépensé moins qu'ils n'ont produit. Et cette épar-

gne doit être plus considérable encore s'ils veulent employer des travailleurs nouveaux, augmenter leur production au delà de ce que peuvent produire leurs propres bras. Tout ce qu'un homme consacre à entretenir d'autres travailleurs que lui-même, doit avoir été amassé par l'épargne. Il faut que quelqu'un ait produit cette accumulation et se soit *abstenu* de la dépenser. Nous pouvons donc affirmer, sans grande erreur, que tout capital, et surtout tout accroissement de capital, est le résultat de l'épargne.

Dans un état de société grossier et barbare, il arrive constamment que la personne qui possède le capital n'est pas celle qui l'a épargné; il y a tout à parier qu'elle s'en est emparée par la violence, par le pillage, par la conquête. Même en certains lieux où déjà la propriété jouissait de protection, l'accroissement du capital était le plus souvent dû à des privations qui, bien qu'essentiellement semblables à l'épargne dans leurs résultats, ne sauraient mériter ce nom parce qu'elles n'étaient pas volontaires. Les véritables producteurs étaient des esclaves que la violence seule portait au travail, et auxquels on laissait aussi peu que pouvaient le permettre l'égoïsme et le très léger sentiment d'humanité qui animait leurs maîtres. Quoi qu'il en soit, cette épargne forcée n'aurait pas constitué un capital, si le maître à son tour n'en avait pas épargné une partie. Si tout ce qu'il faisait produire à ses esclaves et qu'il ravissait à leurs besoins avait été dépensé par lui en jouissances personnelles, il n'aurait pas augmenté son capital ni accru le nombre de ses esclaves. Entretenir des esclaves impliquait une épargne, une accumulation préalable d'aliments pour le moins. Mais il ne fut pas nécessaire que cette épargne vînt de la volonté du maître, elle fut plutôt due aux travailleurs pendant qu'ils jouissaient encore de la liberté. La rapine, les chances de la guerre, en les faisant esclaves d'un plus fort qu'eux, les avaient fait en même temps maître de leurs accumulations.

Il est des cas dans lesquels le mot épargne, avec la signification habituelle qu'on lui donne, n'indique pas précisément l'opération par laquelle s'est accru le capital. Si l'on disait, par exemple, que le seul moyen d'accélérer l'accroissement du capital est d'accroître l'épargne, on pourrait croire qu'il s'agit d'une plus grande abstinence, d'un accroissement de privations. Mais il est clair que tout ce qui augmente la puissance productive du travail crée un fonds additionnel sur lequel s'opère l'épargne, et permet au capital de s'accroître, non pas seulement sans accroissement de privations, mais concurremment avec une augmentation de consommation. Et cependant il y a là un accroissement d'épargne dans le sens scientifique du mot. Bien qu'on ait plus consommé, on a plus épargné. Il y a, pour le dire en un mot, un plus grand excédent de production sur la consommation. Il est donc très correct de dire qu'il y a eu plus grande épargne. Bien que le mot ne soit pas aussi précis qu'il serait désirable, il l'est autant que quelque autre qu'on pût choisir. Consommer moins qu'on ne produit, c'est épargner, et c'est là le procédé qui fait le capital. Ce n'est pas consommer moins d'une manière absolue. Il ne faut pas être assez esclave des mots pour ne pouvoir employer le mot d'épargne sans être en danger d'oublier que, pour accroître le capital, il y a un autre procédé que celui de consommer moins, c'est celui de produire plus.

Tout capital est consommé.

Un troisième théorème fondamental relatif au capital, et qui a une connexion intime avec celui que nous venons d'examiner, consiste dans cette proposition, savoir : que, bien qu'épargné, et le résultat de l'épargne, tout capital est cependant consommé. Le mot épargne ne signifie pas que ce qui est épargné n'est pas consommé, ni même que la consommation est différée. Il implique seulement que, s'il est consommé immédiatement, il ne l'est pas par celui qui l'a épargné. Si ce surplus est mis de côté pour un usage futur, on dit qu'il est entassé, et, tant qu'il est entassé, il n'est pas consommé; s'il est employé comme capital, il est, au contraire, tout consommé; seulement, ce n'est pas par le capitaliste. Une partie s'échange contre des instru-

ments et des outils pour remplacer ceux que
l'usage a mis hors de service, une partie pour de
la semence ou des matériaux qui sont détruits
comme tels dans l'acte de la production, et qui
sont détruits dans l'acte de la consommation du
produit dernier. Le reste est payé en salaires aux
travailleurs productifs, qui le consomment pour
satisfaire leurs besoins quotidiens, ou bien si, à
leur tour, ils en épargnent une partie, on ne
saurait dire qu'elle soit entassée, mais bien
réemployée comme capital, par l'intermédiaire
des caisses d'épargne ou des sociétés mutuelles,
et consommée.

Le principe qui vient d'être énoncé est un
exemple frappant de la nécessité de prêter attention aux vérités les plus élémentaires du sujet qui nous occupe, car ce principe est l'une
de ces vérités triviales, et cependant on n'est
pas dans l'usage de le considérer comme tel, et,
à moins d'y réfléchir, on serait porté à le nier
plutôt qu'à l'admettre. Il semble d'abord étrange
d'entendre affirmer que ce qui est épargné est
consommé. Pour les esprits superficiels, ceux
qui épargnent sont ceux qui entassent. Ils peuvent donc approuver l'épargne telle qu'ils la
conçoivent, quand elle a pour mobile l'intérêt de
la famille, ou quelque autre intérêt aussi légitime ; mais ils ne sauraient concevoir que l'épargne fût utile à d'autres qu'à soi-même. Épargner,
pour eux, c'est garder quelque chose pour soi ;
dépenser, c'est distribuer ce quelque chose aux

autres. L'homme qui dépense sa fortune en consommation improductive est regardé comme un bienfaiteur, et cette opinion est si forte, que la popularité s'attache même au nom de celui qui dépense ainsi la fortune des autres; de celui qui dépense, non seulement son revenu, son propre capital, mais qui, sous le prétexte d'emprunt et sous promesse de remboursement, s'empare du capital d'autrui et le dépense de la même manière.

Cette erreur populaire prend sa source dans la manière étroite dont on envisage les conséquences de l'épargne et de la dépense. On est porté à oublier tous les effets qui ne tombent pas directement sous les sens. L'œil suit l'épargne, il lui semble la voir s'entasser dans une espèce de coffre-fort, où il la perd de vue. De la même manière, l'œil suit la dépense jusque dans la main ou le comptoir des marchands, mais non plus loin. *Épargner*, dans le but de la reproduction, et *dépenser*, sont deux termes d'une opération jusque-là identique. Tous deux commencent par la consommation, par la destruction d'une portion de la richesse; seulement les objets consommés et les individus qui les consomment sont différents. Dans le premier cas, il y a consommation, usure d'outils, destruction de matériaux, destruction d'une certaine quantité d'aliments et de vêtements fournis aux travailleurs. Dans l'autre cas, il y a consommation, c'est-à-dire destruction de vins, d'équipages, d'ameu-

blements, etc. Jusque-là les conséquences qui
en résultent pour la richesse nationale sont à peu
près les mêmes; dans l'un et l'autre cas, une
portion de richesse égale a été détruite. Mais
dans l'acte de la dépense cette première opération est aussi la dernière. La portion de richesse
accumulée par le travail a disparu, mais elle n'a
rien laissé derrière elle. Dans l'acte de l'épargne, au contraire, pendant tout le temps qu'a
duré la destruction, il y a eu des travailleurs
employés à la contre-balancer, et, à la fin de
l'opération, l'accumulation de richesses s'est
trouvée plus considérable qu'auparavant. Il y a
plus, comme cette opération peut être répétée
indéfiniment sans qu'une nouvelle épargne soit
nécessaire, on peut dire qu'une épargne, une
fois faite, devient un fonds qui peut servir à l'entretien d'un certain nombre de travailleurs, à
perpétuité, lesquels reproduisent, avec un excédent, leur dépense annuelle de production.

Ce qui tend à porter la confusion dans l'esprit de ceux qui n'ont pas l'habitude de ces questions, c'est l'intervention de la monnaie dans les
opérations de consommation et de production.
Presque toutes les dépenses ayant le numéraire
pour agent, cet agent est considéré comme le
trait caractéristique indispensable des échanges,
et, comme il est impérissable, on en conclut
qu'il n'y a pas destruction dans l'acte de la consommation improductive. Le numéraire ne faisant que changer de main, on dit que la richesse

n'a fait aussi que changer de la main du dépensier dans celle des travailleurs. Cette opinion est
toute naturelle chez ceux qui confondent l'argent avec la richesse. La richesse qui a été détruite, ce n'est pas l'argent, ce sont les vins, les
équipages, les meubles que l'argent a achetés; et
ceux-ci ayant été détruits sans retour, la société,
cela est clair, est moins riche d'autant. On dira
peut-être que les équipages, les vins, les meubles, ne sont pas des outils, des aliments, des
vêtements, et qu'ils ne sauraient être utilisés
dans les actes de production; que de pareils produits ne sauraient avoir d'autre emploi que la
consommation improductive, et que, s'il y a
dommage pour la société, le dommage a eu lieu
lors de la production de ces objets et non lors
de leur consommation. Je l'accorde; et cette
observation serait sérieuse, si ces objets étaient
tirés d'un magasin qui ne pût jamais se remplir.
Mais puisque, au contraire, la production de ces
objets continue tant qu'ils trouvent des consommateurs, qu'elle s'accroît même dès que la demande s'accroît, la détermination de la part d'un
consommateur de dépenser chaque année
5,000 francs en objets de luxe, a pour conséquence d'entretenir la nouvelle production d'une
quantité égale d'objets qui ne peuvent être d'aucun usage à la production ultérieure. Les services des travailleurs ainsi occupés sont perdus,
eu égard à l'accroissement de la richesse nationale, les outils, les aliments, les vêtements qu'ils

consomment chaque année sont autant de soustrait à la force productive accumulée de la nation. La production des objets de luxe, toutes
choses égales d'ailleurs, est en raison directe de
l'imprévoyance, ou du luxe de la classe quelconque qui s'y laisse aller. Par cette tendance se
trouve diminué le fonds qui sert à l'emploi des
ouvriers productifs, des aliments, des instruments de production, etc.

En un mot, l'épargne enrichit, la dépense ap-
pauvrit la communauté en même temps que l'individu. Ce qui veut dire, en d'autres termes,
que la société est plus riche de tout ce qu'elle
dépense à entretenir et à aider le travail productif, qu'elle est plus pauvre de tout ce qu'elle
conserve en jouissance.

Le capital se maintient non par sa conservation, mais par une reproduction perpétuelle.

Revenons à notre théorème fondamental. Tout
ce qui est produit est consommé ; ce qui est
épargné aussi bien que ce qui est dépensé, et le
premier tout aussi rapidement que le dernier.
Toutes les formes ordinaires du langage semblent tendre à dissimuler cette vérité. Quand on
parle de l'ancienne richesse d'une nation, de richesses venues par héritage, etc., l'idée que sug-
gèrent ces expressions est que les richesses
ainsi transférées ont été produites il y a longtemps, au temps où l'on dit qu'elles ont été ac-

quises, et qu'aucune portion n'a été créée cette
année, excepté toutefois une petite portion qui
a pu être cette année ajoutée à la masse. Les
choses se passent tout autrement. La plus grande
portion, en valeur de la richesse qui existe aujourd'hui en Angleterre, a été produite par la
main des hommes dans le courant de cette année même.

Il existait bien, il y a dix ans, peut-être une
petite partie de cette richesse ; les bâtiments des
fermes, les manufactures, quelques vaisseaux,
quelques machines, voilà à peu près tout ce qu'il
y a dix ans existait déjà du capital productif actuel du pays ; encore tous ces bâtiments, ces na-
vires, ces fabriques, ces routes ne seraient-ils
pas ce qu'ils sont aujourd'hui, si depuis dix ans
chaque année n'avait un travail nouveau de réparations... La terre est presque le seul instrument de richesse qui dure, qui subsiste. Tout
ce que la terre produit périt, et périt en général très promptement... Si le capital existant se
transmet de siècle en siècle, d'année en année,
ce n'est pas par sa conservation, mais par sa
reproduction perpétuelle : la majeure partie en
est détruite presqu'aussitôt que produite, et
ceux qui la consomment ne le font que dans la
vue d'une production plus grande encore.

L'accroissement du capital est semblable à
l'accroissement de la population. La population
va croissant sans qu'on puisse dire qu'aucun de
ceux qui la composent n'était de ce monde hier,

Pourquoi les pays dévastés recouvrent promptement leur premier état.

Cette consommation et reproduction perpétuelle du capital fournissent l'explication de ce qui a fait l'étonnement de tant de gens, je veux dire la rapidité avec laquelle une nation répare les dévastations dont elle a été victime, et la disparition complète des traces des calamités causées par un tremblement de terre, une inondation, un ouragan, et, qui pis est, les ravages de la guerre. Un ennemi arrive, qui met à feu et à sang toute une contrée, qui emporte tout ce qu'il peut emporter des richesses du pays, et brûle le reste. Tous les habitants se sauvent, éperdus. Ils sont ruinés... et cependant au bout de quelques années il n'y paraît plus. Le pays a repris son aspect ordinaire. La nature a réparé ses pertes. Cette *vis medicatrix naturæ* a fait le sujet d'un étonnement stérile ; on l'a citée comme exemple de ce que peut l'économie, l'épargne. Il n'y a là cependant rien de surprenant. Ce que l'ennemi a détruit était destiné à la destruction. La richesse que les habitants reproduisent si rapidement, il eût fallu la reproduire de la même manière, puisqu'elle eût de même été détruite. Il n'y a donc de changé que ceci, c'est que pendant la reproduction ils n'ont pas l'avantage de consommer ce qu'ils ont produit auparavant. La possibilité d'une rapide réparation dépend surtout de la population qui est demeurée après les ravages. Si cette population est demeurée intacte, et qu'ensuite elle n'ait pas péri de faim et de misère, il lui reste, dans son intelligence acquise, dans ses terres qui n'ont rien perdu de leur fertilité, dans ses constructions même qui n'ont pas complètement péri, tout ce qu'il faut pour produire et pour réparer ses pertes promptement. Pourvu qu'il lui reste de quoi se nourrir pendant la saison, même au prix d'une grande partie de son bien-être précédent, elle aura en peu de temps réparé ses pertes et acquis une richesse aussi grande qu'auparavant. Elle n'a pour cela qu'à travailler comme autrefois. Mais qu'on le comprenne bien, ces résultats n'ont aucun rapport avec les lois de l'épargne, dans le sens qu'on y attache : épargner, c'est se priver volontairement, et dans les cas ci-dessus les privations sont forcées.

L'habitude de penser d'après les autres et dans une seule série de formules techniques est si fatale et les hommes instruits eux-mêmes en sont si peu exempts, que c'est la première fois, à ma connaissance, que cette explication si simple a été donnée. C'est au docteur Chalmers qu'elle est due ; et, bien que je regarde comme erronée une grande partie des opinions et des jugements de cet écrivain, je lui rends volontiers cette justice qu'il étudie les questions économiques de *première main*, et qu'il les explique dans un langage à lui, qui souvent montre la vérité sous une face que la phraséologie habituelle tend au contraire à cacher aux yeux.

CHAPITRE VI

DU CAPITAL CIRCULANT ET DU CAPITAL FIXE.

———————

Qu'est-ce que le capital fixe et le capital circulant?

De tout capital engagé dans la production d'un
article de consommation quelconque, il est une
partie qui s'absorbe ou s'immobilise dans cette
production, et après elle n'existe plus comme
capital, c'est-à-dire n'est plus capable de servir
à la production ou tout au moins de rendre le
même genre de services à la même branche de
production. La portion de capital consacrée aux
matières premières est de ce genre. Le suif et
l'alcali, qui constituent le savon, sont détruits,
comme suif et alcali, dans l'acte de la saponifi-
cation. Leur rôle en savonnerie, comme suif et
comme alcali, est terminé, bien qu'à l'état de savon ils puissent être employés comme capital-
matières dans quelque autre branche d'industrie. Dans cette même division il convient de
placer la portion de capital dépensée en salaires
ou consommée en nature par les travailleurs.

La portion du capital d'un fileur de coton qu'il
paye en salaire aux fileurs, une fois ainsi distribuée, n'existe plus comme capital, ou tout au
moins comme capital de filature ; et cette portion, une fois consommée par les fileurs, n'existe
plus du tout. Si même ils en épargnent une partie, c'est un nouveau capital, sans aucune relation avec l'ancien. On nomme capital circulant
ou de circulation le capital qui accomplit sa
fonction productive de cette manière, et par une
seule opération. Ce terme, qui ne répond pas
précisément aux idées énoncées, est dérivé de
cette circonstance, que cette portion de capital
demande à être constamment renouvelée par la
vente de l'objet fabriqué, pour être de nouveau
employée en opérations semblables ; sa fonction
s'accomplit donc en changeant constamment de
main.

Il est une autre portion de capital qui consiste
en instruments de production plus ou moins
durables. Ceux-ci ne fonctionnent comme capital que par leur durée même. Un acte de production ne les anéantit pas, comme la portion de
capital dont nous avons parlé précédemment.
Les bâtiments, les machines, les métiers, les outils de toute espèce appartiennent à cette partie
distincte de capital. La durée de quelques-uns
de ces objets est considérable ; ils servent à
l'accomplissement d'un grand nombre d'actes de
production. Il faut encore comprendre dans
cette espèce de capital toute somme de travail

dépensée en améliorations foncières permanentes ; le capital mis dehors au commencement d'une entreprise dans le but d'en préparer les opérations : ainsi l'ouverture d'une mine, le creusement d'un canal, la construction d'une route, celle de docks, etc. Tout capital ainsi fixé dans des objets qui durent, et dont l'efficacité se perpétue sur un nombre infini de faits de production, se nomme capital fixe.

Quelquefois le capital fixe demande à être périodiquement renouvelé. Les bâtiments, les outils sont de ce genre. Ils exigent des réparations d'abord, puis enfin ils sont mis tout à fait hors de service. Comme outils et bâtiments, ils retombent à l'état de matériaux. En d'autres cas, ce n'est que par accident que le capital fixe demande à être renouvelé complètement, mais il n'en exige pas moins des dépenses nouvelles qui, de temps en temps, viennent lui rendre la partie de puissance productive que l'usage lui a fait perdre. Un dock, un canal, n'exige pas une construction nouvelle à certaine période de son existence, mais il faut le tenir en état, et souvent ces frais sont considérables. Une mine, une fois ouverte, devient cependant inutile si quelqu'un ne prend soin de la tenir étanche. L'emploi le plus durable, le plus permanent qu'on puisse donner au capital fixe est certes de l'employer à accroître la puissance productive d'un agent naturel, comme la terre. Le drainage de propriétés inondées ou marécageuses, la conquête de terrains envahis par la mer, au moyen de travaux d'endiguement, ont le caractère de perpétuité. Et cependant, les digues, les fossés exigent des réparations fréquentes. Le même caractère de perpétuité appartient à l'amélioration du sol au moyen de drainage du sous-sol qui donne une plus-value si considérable aux argiles. Il appartient encore à l'application des amendements permanents, qui changent la constitution du sol, tel que le sable et la chaux. Et cependant, ces travaux demandent quelque entretien pour conserver leur entier effet.

Ces améliorations, toutefois, par cela seul qu'elles méritent leur nom, produisent un revenu plus considérable, qui doit laisser un surplus, lorsque la dépense qu'elles ont occasionnée est payée. Cet excédent forme le rendement du capital dépensé d'abord, et cet excédent ne finit pas, comme dans le cas où il s'agit de machines, avec la machine elle-même : il est permanent. La terre qui en est dotée augmente en puissance productive, elle acquiert une valeur échangeable dont l'excédent est proportionnel au capital qui l'a dotée. Et c'est pour cette raison qu'il est d'usage de considérer le capital ainsi employé en améliorations comme existant encore dans la valeur accrue de la terre. Il ne faut pas s'y tromper, cependant, ce capital, de même que tout autre capital, a été consommé. Il a été consommé en salaires des travailleurs qui ont exécuté les travaux d'amélioration, en

usure et dépréciation des outils dont ils se sont
servis. Mais il a été consommé productivement,
et a laissé un résultat permanent dans la puissance productive accrue d'un agent naturel approprié, la terre. Comme ce capital, qui a été
réellement consommé, ne peut être distrait du
sol, sa puissance productive est désormais amal-
gamée avec celle qui provient des qualités naturelles de la terre, et la rémunération due à
son usage n'est, en conséquence, plus basée sur
les lois qui règlent les profits du capital et du
travail, mais sur celles qui régissent la récompense de l'usage des agents naturels.

L'accroissement du capital fixe aux dépens du capital circulant affecte l'intérêt du travailleur.

Il existe une grande différence entre les effets
du capital circulant et ceux du capital fixe, sur
la somme de la production brute d'une contrée.
Le capital circulant, avons-nous dit, est détruit
à chaque opération, détruit au moins sous la
forme de capital. L'objet produit est en conséquence la seule source d'où ce capital peut et
doit renaître pour son possesseur, et avec lui le
profit qu'on a droit d'attendre de son usage. En
d'autres termes, le résultat d'un seul acte de
production doit être la reproduction du capital
circulant dépensé, plus un excédent pour profit.
Il n'en est pas ainsi du capital fixe; une machine, par exemple, n'est pas consommée par

un seul acte de production, il n'est donc pas nécessaire qu'elle soit remplacée par le produit de
ce seul acte. La machine fonctionnera convenablement si, par les actes de production multipliés auxquels elle vient en aide, elle suffit à
couvrir les dépenses de sa conservation en bon
état, avec un excédent suffisant pour constituer
un profit raisonnable sur sa valeur entière.

Il suit de là que tout accroissement de capital fixe, lorsqu'il a lieu aux dépens du capital
de circulation, est de nécessité, au moins temporairement, préjudiciable aux intérêts des travailleurs. Cela est vrai, non seulement des machines, mais de toutes les améliorations par lesquelles le capital est absorbé, c'est-à-dire rendu
inapplicable à l'entretien et à la rémunération
du travail d'une manière permanente. Supposons qu'un individu fasse valoir ses propres domaines avec un capital de 2,000 quarters de blé,
employés à l'entretien de ses travailleurs pendant une année (pour plus de clarté je fais abs-
traction de la semence et des outils), et que le
travail de ces ouvriers lui produise annuelle-
ment 2,400 quarters, c'est-à-dire un profit de 20
pour 100. Supposons encore qu'il consomme
chaque année ce profit, se contentant de continuer ses opérations avec ce capital de
2,000 quarters dont nous avons parlé. Si ce propriétaire cultivateur se décide un jour à employer la moitié de son capital en améliorations
permanentes, et s'il occupe à ce travail pendant

une année la moitié de ses travailleurs, il
pourra arriver qu'à l'avenir il n'aura plus besoin pour ses cultures que d'un nombre d'ouvriers moitié moins grand qu'auparavant. Dans
la première année, il n'y a pas de changement
dans la condition des travailleurs, si ce n'est
toutefois qu'une partie d'entre eux ont reçu le
même salaire pour une opération nouvelle, au
lieu de le recevoir pour le labour, la moisson,
le battage, etc. Au bout de l'année, cependant, le
propriétaire ne possède plus comme autrefois
un capital de 2,000 quarters de blé. La portion
des travailleurs qu'il a laissée à ses cultures ordinaires ne lui a produit que 1,000 quarters.
Ces 1,000 quarters et son amélioration de fonds,
voilà tout son avoir. Les années suivantes, il
n'emploiera que la même moitié d'ouvriers, et
ne leur donnera que la moitié des aliments
qu'il distribuait jadis en guise de salaire. Bientôt, cependant, si la terre améliorée produit, à
l'aide de cette moitié d'ouvriers, une récolte de
2,400 quarters comme auparavant, le propriétaire sera probablement disposé à employer une
grande portion de ce revenu comme capital, et
les ouvriers délaissés se trouveront réemployés.
Mais on conçoit qu'il pourra n'en pas être
ainsi; en effet, le propriétaire pourra se trouver
amplement dédommagé de ses dépenses si la
terre produit non plus 2,400, mais 1,500 quarters, puisque ce produit suffit à remplacer les
1,000 quarters qui forment son capital de circu-

tation, avec un profit non plus de 20 pour 100, mais bien de 25 pour 100 sur la totalité du capital fixe et circulant. Ainsi cette amélioration peut être très profitable au propriétaire et porter grand préjudice aux ouvriers.

La supposition ci-dessus, dans les termes où nous l'avons posée, ne se rencontre guère dans la pratique ; elle n'est applicable tout au plus qu'au cas où l'amélioration consiste à transformer des terres arables en prairies. Or, les agriculteurs modernes regardent cette pratique, longtemps usitée, comme le contraire de tout progrès. L'effet de toute amélioration agricole aujourd'hui, au moins de celles qui agissent sur le sol lui-même, est d'accroître, et non de diminuer le produit brut (1). Mais cette remarque n'affecte en rien la proposition. Supposons que l'amélioration n'ait pas l'effet que nous

(1) L'expulsion des petits fermiers du nord de l'Écosse, qui eut lieu dans le commencement du siècle, était cependant un cas de ce genre ; et on en peut dire autant de ce qui est arrivé en Irlande depuis la famine des pommes de terre et le rappel des lois sur les céréales. La remarquable diminution du produit brut de l'agriculture irlandaise qui a récemment attiré l'attention publique doit être attribuée probablement à ce que l'on a employé à nourrir du bétail la terre qui auparavant nourrissait des hommes, et cela n'aurait pu avoir lieu sans la disparition d'une grande partie de la population irlandaise par l'émigration ou par la mort. Ainsi nous avons deux exemples récents d'améliorations agricoles qui ont rendu le pays moins propre à nourrir sa population. Toutefois les améliorations dues à la science moderne ont pour effet d'augmenter ou tout au moins de ne pas diminuer le produit brut de l'agriculture.

avons dit; qu'elle ne dispense pas d'employer
une partie du travail qu'on pensait à économiser, mais qu'elle permette seulement de récol-
ter, à l'aide du même travail, une plus grande
masse de produits; supposons aussi que ce produit plus considérable trouve des acquéreurs.
Le propriétaire, en pareille circonstance, emploiera bien certainement le même nombre
d'ouvriers avec les mêmes salaires. Mais où
trouvera-t-il le moyen de les payer? Il ne possède plus son capital primitif de 2,000 quarters
qu'il employait à cet usage : la moitié de ce capital est consommée en améliorations. S'il veut
employer le même nombre d'ouvriers et les
payer de même, il faut qu'il emprunte, qu'il
obtienne de quelque autre source les 1,000 quarters qui lui font faute. Mais ces 1,000 quarters
d'emprunt avaient un emploi. Ils entretenaient,
ou étaient destinés à entretenir une quantité
proportionnelle de travailleurs. Ils ne sont pas
une création nouvelle. Leur destination a
changé d'un emploi à un autre emploi, et bien
que l'agriculteur ait comblé le déficit de son capital de circulation, le capital de circulation de
la communauté n'en est pas moins diminué
d'autant.

L'argument sur lequel s'appuie l'opinion de
ceux qui prétendent que les machines ne sauraient jamais nuire à la classe laborieuse est le
suivant : les machines, en diminuant le prix des
objets fabriqués, donnent lieu à une demande

qui bientôt procure de l'emploi à un nombre
plus considérable de travailleurs. Ce raisonnement ne me paraît pas avoir tout le poids qu'on
veut y trouver. Ainsi exposé, le fait est fréquemment vrai. Les copistes qui restèrent sans travail
lors de l'invention de l'imprimerie, furent bientôt remplacés par un nombre infiniment plus
considérable de compositeurs et de pressiers. Le
nombre d'ouvriers employés aujourd'hui dans
dans la fabrique de coton dépasse bien des mil-
liers de fois celui qu'employait cette fabrique
avant les découvertes de Hargreaves et d'Ark-
wright. Indépendamment du capital énorme
fixé dans cette industrie, son capital de circulation s'est augmenté considérablement. Mais si
ce capital a été enlevé à d'autres emplois, si les
fonds qui ont pris la place du capital fixé dans
les machines, les métiers, etc., ont été fournis,
non pas au moyen de l'épargne, mais par un
emprunt fait au capital général de la communauté, qu'ont gagné à cela les classes laborieuses? De quelle manière la perte qu'elles ont
éprouvée par cette transformation du capital de
circulation en capital fixe est-elle compensée
pour elles par le transport d'une partie de ce
qui reste de ce capital de circulation d'une industrie ancienne à une industrie nouvelle?

Toute tentative faite par les économistes pour
prouver que les travailleurs, en tant que classe,
ne peuvent souffrir de l'introduction d'une machine nouvelle ou de la fixation du capital dans

des améliorations permanentes, me semble faite
en pure perte. On admet bien qu'il y ait
souffrance, perturbation dans l'industrie spéciale
où a eu lieu le changement; mais on dit que si
le travail manque d'un côté, il s'en ouvre à l'instant une source équivalente dans les autres industries, par la raison que ce que les consommateurs épargnent sur les prix qu'ils avaient
coutume de payer pour les articles de l'industrie perfectionnée, leur permet d'augmenter
leur consommation d'autres articles, augmentant en même temps par là la demande de travail
pour les industries productives. Ce raisonnement
ne manque pas de *plausibilité;* mais, ainsi que
nous l'avons démontré dans le chapitre précédent,
il est basé sur un sophisme. — La demande d'objets de consommation diffère complètement de
la demande de travail. Les consommateurs ont,
cela est vrai, un fonds disponible pour acheter
une plus grande quantité d'articles divers; mais
ce fonds ne crée pas ces articles, et le perfectionnement introduit n'a mis en liberté aucune
portion de capital. Loin de là, il en a absorbé,
détourné probablement quelque peu, de quelque autre branche de production. En conséquence, cet accroissement supposé de production
ou d'emploi de travail dans les autres branches
de l'industrie générale n'aura pas lieu et l'augmentation dans la demande de quelques consommateurs sera compensée par une diminution
équivalente de la part de quelques autres, nom-

mément de ceux que le perfectionnement a mis
hors d'emploi et qui désormais ne pourront vivre que par la charité, ou par la concurrence
qu'ils feront aux autres travailleurs, c'est-à-dire
dans ce cas comme dans l'autre, sur le fonds de
consommation générale de la communauté.

Mais ce phénomène n'a presque jamais lieu.

Quoi qu'il en soit, je ne pense pas que, dans
l'état actuel des choses et des transactions, les
intérêts de la classe laborieuse en masse soient
souvent affectés, même transitoirement, par les
perfectionnements apportés aux procédés de
production. Si ces perfectionnements arrivaient
tout à coup et sur une vaste échelle, ces intérêts
pourraient souffrir, parce qu'une partie considérable du capital de circulation serait distraite
à la fois de la production ordinaire. Mais les
perfectionnements se font avec lenteur, et con-
séquemment, c'est plutôt l'aide de l'épargne
qu'ils appellent que celle du capital de circulation. Je me demande si jamais il y eut un emploi
considérable de capital fixé dans l'industrie,
dans des circonstances où ne se voyait pas en
même temps un rapide accroissement du capital
de circulation. Les pays pauvres et arriérés
donnent rarement le spectacle d'entreprises où
un capital considérable soit absorbé. Placer un
capital dans des améliorations foncières, dans
des établissements automoteurs dispendieux,

sont des actes qui impliquent une abstinence
actuelle, un sacrifice immédiat dans un but d'a-
venir. Ils indiquent d'abord une sécurité passa-
blement complète de la propriété; puis une
grande activité dans les entreprises industrielles,
enfin un grand développement de cet état de
l'esprit qu'on a appelé « désir effectif ou efficace de l'accumulation, » trois choses qui sont
les éléments d'une société en état de rapides
progrès. Mais s'il est vrai que les classes laborieuses doivent souffrir, non seulement quand le
capital fixe s'accroît aux dépens du capital de
circulation, mais encore si ce capital augmente
assez rapidement de lui-même pour empêcher
que l'épargne soit convertie en capital de circulation aussi abondamment que l'exige l'accroissement de la population, il faut se hâter d'ajouter que ce cas ne se présente guère dans la pratique, car il n'existe probablement aucun pays
où le capital fixe s'accroisse dans une proportion
plus rapide que le capital de circulation. Si tous
les chemins de fer votés par le parlement, dans
la période de folie qui a suivi 1845, s'étaient
construits dans le temps fixé par les décrets, ce
phénomène se serait réalisé très probablement.
Mais ce qui est arrivé à cet égard même démontre les difficultés qui se présentent lorsqu'il s'a-
git de détourner de son emploi le fonds qui s'y
trouve consacré. Ces difficultés sont assez grandes pour qu'on n'ait pas à redouter de voir le
capital de circulation se transformer en capital

fixe sur une échelle assez considérable pour amener la perturbation dans le travail.

Ajoutons à ces considérations que, même dans
le cas où les perfectionnements diminueraient,
pendant quelque temps, la masse de la production et du capital circulant du pays, ils n'en
tendraient pas moins, à la longue, à augmenter
l'une et l'autre. Ces perfectionnements augmentent les profits du capital et, par conséquent,
sont utiles au capitaliste en augmentant ses revenus, au travailleur en diminuant le prix des
objets fabriqués. Dans l'un et l'autre cas, ils augmentent le fonds qui peut servir à l'accumulation. Dans l'exemple que nous avons choisi, le
résultat immédiat a été de réduire le produit
brut de la ferme de 2400 quarters de blé, à
1500 quarters par année, et cependant le bénéfice du propriétaire se trouve être de 500 quarters au lieu de 400. Or, si ces 100 quarters extra
étaient épargnés, la perte, l'absorption du capital de 1000 quarters placés dans le fonds serait
en peu d'années réparée. L'impulsion donnée
par un perfectionnement à la branche d'industrie à laquelle il a été appliqué, offre aux industriels un puissant encouragement à augmenter leur capital, et il faut conclure de la marche
lente que suivent les perfectionnements industriels, qu'une grande partie du capital qu'ils absorbent prend sa source dans l'augmentation des
profits qu'ils permettent.

Cette tendance des perfectionnements indus-

triels à provoquer l'accumulation et, par suite,
à augmenter le produit brut, même lorsqu'il en
est diminué temporairement, sera encore plus
prononcée, plus remarquable, s'il est prouvé
d'autre part que, pour ce qui regarde le sol, il
est une limite à l'accumulation du capital et à
l'accroissement de la production ; que, cette limite une fois atteinte, tout accroissement ulté-
rieur devient impossible, mais que les perfectionnements de production, quels que soient
leurs autres effets, tendent à éloigner cette limite.
Ces vérités paraîtront au reste beaucoup plus
claires dans la suite de cette investigation. On
verra que la quantité de capital qu'il est possible d'accumuler en un pays donné, et le montant du produit brut qu'il est possible d'en tirer
sont en proportion de l'état des arts industriels
en ce pays, et que tout perfectionnement, même
lorsqu'à son origine il a fait brèche au capital
de circulation et au produit brut, provoque en
définitive une production, une épargne plus considérable qu'elles l'eussent été sans lui. C'est là
la réponse concluante aux objections faites à
l'introduction des machines, et nous nous faisons
fort de démontrer qu'en définitive, même dans
l'état actuel de la société, les travailleurs re-
cueillent des avantages de cette introduction.
Mais cette vérité consolante ne dispense pas les
gouvernements d'alléger, de détourner même
complètement, s'il est possible, les maux que
cette source de bénéfices à venir cause ou peut

causer aux travailleurs actuels. Si jamais le placement, l'absorption du capital de circulation
dans les machines ou les perfectionnements de
l'industrie se développait sur une échelle qui
compromit sérieusement le fonds de la production existante, le fonds des salaires du travail,
il serait du devoir du gouvernement de modé-
rer cet essor, et puisque des améliorations qui
ne diminuent pas l'emploi du travail pris en
masse, privent cependant presque toujours de
leur salaire certains travailleurs de l'industrie
perfectionnée, il .n'est pas d'objet qui soit plus
légitimement digne d'occuper le législateur que
l'intérêt de ceux que la force des choses sacrifie
ainsi au profit de leurs concitoyens et de la postérité.

Revenons à la distinction théorique que nous
avons établie entre le capital fixe et le capital de
circulation. Toute la richesse destinée à être employée en reproduction est désignée sous le nom
de capital ; il est cependant des parties de capital qui ne sauraient entrer ni dans l'une ni
dans l'autre division. Tel est, par exemple, le
fonds d'objets manufacturés qu'un négociant ou
un fabricant possède invendus dans ses magasins. Mais ce fonds, quoique capital par destination, n'est cependant pas encore capital actif,
fonctionnant, *capital en exercice*, il n'est pas engagé dans la production ; il faut auparavant qu'il
soit vendu ou échangé, c'est-à-dire converti en
une valeur équivalente à d'autres objets manu-

facturés. Il n'est donc encore ni capital de circulation, ni capital fixe, mais il deviendra ou l'un ou l'autre, en proportions diverses, tous les deux à la fois. Avec le produit de ses objets manufacturés, le fabricant payera ses ouvriers, remplira ses magasins à nouveau, achètera des matières premières, réparera ses machines, ses outils, construira même de nouveaux bâtiments, s'il est nécessaire. Quelle portion de ce produit emploiera-t-il à chacun de ces usages? C'est une question qui dépend de la nature de son industrie et de ses besoins actuels.

Ils convient d'observer encore que la portion du capital consommée sous forme de semences ou de matière première, bien qu'elle exige son remplacement immédiat, tiré du produit brut, et qu'en cela elle diffère du capital fixe, a cependant le même effet que ce capital fixe sur l'emploi du travail. Ce qui est dépensé en matières premières est enlevé à l'entretien des travailleurs aussi bien que le capital employé en machines; si le fonds aujourd'hui consacré aux salaires était employé en achat de matières premières, l'effet serait le même pour les travailleurs que s'il avait été converti en capital fixe. Mais un pareil emploi n'a jamais lieu dans la pratique. Les tendances de perfectionnements dans la production est toujours d'économiser, jamais d'augmenter la dépense de semences ou de matière première dans la production : les travailleurs n'ont donc rien à redouter de ce côté.

LIVRE II

CHAPITRE PREMIER

DE LA PROPRIÉTÉ.

Observations préliminaires.

Les principes qui ont été exposés dans la première partie de ce traité, se distinguent fortement, à certains égards, de ceux dont nous allons maintenant aborder l'examen. Les lois et les conditions de la production des richesses partagent le caractère des vérités physiques. Ces lois n'ont en elles-mêmes rien de facultatif ou d'arbitraire. Tout ce qui est produit par l'homme doit l'être d'après les modes et les conditions imposés par la nature constituante des choses extérieures et par les propriétés physiques et intellectuelles inhérentes à sa propre nature. Qu'il le veuille ou non, les produits qu'il crée seront limités par la somme des produits accumulés antérieurement, et, cette somme étant donnée, elle sera proportionnelle à l'énergie de l'homme, à son habileté, à la perfection des machines employées par lui et à l'emploi judicieux des avantages du travail combiné. Qu'il le veuille ou non, une quantité double de travail ne produira pas sur la même terre une quantité double de subsistances, s'il ne survient quelque perfectionnement dans les procédés de culture. Qu'il le veuille ou non, la dépense improductive faite par les individus appauvrira d'autant la société, et celle-ci ne s'enrichira que par leurs dépenses productives. Les opinions ou les vœux qui peuvent exister sur ces diverses matières n'exercent aucune influence sur les choses elles-mêmes. Nous ne pouvons prévoir dans quelle mesure les modes de production peuvent être modifiés, ou la puissance productive du travail augmentée, par suite des développements ultérieurs de nos connaissances, relativement aux lois de la nature, auxquels nous devrons de nouveaux procédés industriels dont nous n'avons aucune idée aujourd'hui. Mais, quelque succès que nous devions obtenir, en reculant les limites posées par la constitution essentielle des choses, nous savons qu'il doit exister des limites; nous ne pouvons changer les propriétés primitives de la matière ou de l'intelligence, nous ne pouvons que mettre en œuvre ces propriétés, avec plus ou moins de succès, pour obtenir les résultats auxquels nous sommes intéressés.

Il n'en est pas de même à l'égard de la distribution des richesses : c'est là une institution exclusivement humaine. Les choses étant créées, l'espèce humaine, individuellement ou collectivement, peut en agir avec ces choses comme elle l'entend. Elle peut les mettre à la disposition de qui elle veut, et aux conditions qui lui conviennent. Dans l'état social, en outre, lorsqu'il s'agit de toute autre situation que la solitude absolue, cette faculté de disposer des choses ne peut exister que du consentement de la société, ou plutôt des individus qui dirigent sa force active. Et même, ce qu'un individu a produit par ses efforts individuels, sans être aidé par personne, il ne peut le garder qu'avec l'assentiment de la société. Non seulement la société peut le lui enlever, mais des individus le pourraient également et le feraient si la société restait seulement passive, si elle n'intervenait pas en masse, si elle n'employait ou ne payait d'autres individus pour empêcher qu'il ne fût troublé dans la jouissance de ce qu'il possède. La distribution des richesses dépend donc des lois et des coutumes de la société. Les règles qui déterminent cette distribution sont ce que les font les opinions et les sentiments de la partie dirigeante de la société, et varient considérablement, sui vant les différents siècles et les différents pays; elles pourraient varier encore davantage si les hommes en décidaient ainsi.

7

Les opinions et les sentiments des hommes ne
sont pas assurément une chose soumise au hasard. Ils résultent des lois fondamentales de la
nature humaine, combinées avec l'état actuel
des connaissances et de l'expérience, avec l'état
des institutions sociales et de la culture intellectuelle et morale. Mais les lois qui président à la
génération des opinions humaines ne rentrent
pas dans le sujet que nous traitons maintenant;
elles font partie de la théorie générale du progrès humain, sujet d'examen bien plus vaste et
plus difficile que l'économie politique. Nous
avons à considérer ici non les causes, mais les
conséquences des règles en vertu desquelles la
richesse peut se distribuer. Or ces règles sont
au moins aussi peu arbitraires et possèdent autant le caractère de lois physiques que les lois
de la production. Des êtres humains peuvent
ouverner leurs propres actes, mais non les
conséquences de ces mêmes actes pour eux ou
pour leurs semblables. La société peut subordonner la distribution des richesses aux règles
qu'elle regarde comme les meilleures, mais l'observation et l'application sont les seuls guides
qui conduisent à la connaissance des résultats
pratiques de ces règles, comme ils conduisent à
la connaissance de toute vérité matérielle ou intellectuelle.

Nous arrivons donc à l'examen des divers
modes de distribution du produit de la terre et
du travail, qui ont été adoptés dans la pratique,

ou peuvent être conçus par la théorie. Parmi ces
modes, notre attention est d'abord réclamée par
cette institution primitive et fondamentale, sur
laquelle, hormis quelques circonstances excep-
tionnelles et très peu nombreuses, le système
économique de la société a toujours reposé,
quoique dans quelques détails secondaires il ait
varié et soit exposé à varier. Je veux parler naturellement de l'institution de la propriété individuelle.

La propriété individuelle, envisagée comme
institution, ne doit son origine à aucune des
considérations d'utilité qui plaident pour son
maintien lorsqu'elle est établie.

CHAPITRE III

DES CLASSES ENTRE LESQUELLES LE PRODUIT
SE DISTRIBUE.

Le produit se partage quelquefois entre trois classes
de personnes.

La propriété privée étant admise comme un
fait, nous devons maintenant énumérer les différentes classes de personnes auxquelles ce fait
donne naissance ; celles dont le concours, ou au
moins l'assentiment est nécessaire à la production, et qui peuvent, par conséquent, stipuler
leurs conditions de manière à obtenir une part
du produit. Nous devons examiner en vertu de
quelles lois le produit se distribue parmi ces
classes par l'action spontanée des individus que
ce produit intéresse. Une nouvelle question se
présentera ensuite, celle de savoir quels effets
sont ou pourraient être produits par les lois, les
institutions et les règlements de l'État pour sus-
pendre ou modifier cette distribution spontanée.

Les trois éléments indispensables de la production sont, ainsi que nous l'avons répété sou-

vent, le travail, le capital et la terre; nous comprenons sous la dénomination de *capital* les moyens et les conditions à l'aide desquelles sont accumulés les résultats du travail antérieur, et sous celle de *terre* les matières et les instruments fournis par la nature, qu'ils soient renfermés dans l'intérieur de la terre ou qu'ils soient répandus à la surface. Puisque chacun de ces éléments peut être approprié séparément, la société industrielle peut être considérée comme divisée en propriétaires du sol, en capitalistes et en travailleurs productifs. Chacune de ces classes, à ce titre, obtient une part des produits; aucune autre classe, aucun autre individu n'obtient aucun produit que par suite d'une concession de leur part. Le reste de la société est, en réalité, entretenu à leurs dépens, ne donnant d'autre valeur équivalente, s'il en donne, qu'une valeur consistant en services improductifs. Ces trois classes sont donc considérées, en économie politique, comme formant toute la société.

Quelquefois le produit échoit sans partage à une seule classe.

'Mais bien que ces trois classes existent souvent à l'état distinct, partageant le produit entre elles, elles n'existent pas toujours et nécessairement à cet état. Les choses se passent si différemment, qu'il n'existe qu'une ou deux sociétés dans lesquelles la séparation complète de ces trois classes soit la règle générale. L'Angleterre et l'Écosse, puis certaines parties de la Belgique et de la Hollande, sont presque les seules contrées du monde, où la terre, le capital et le travail appliqués à l'agriculture, appartiennent généralement à des propriétaires séparés. Le cas ordinaire, c'est que le même individu possède deux de ces éléments ou les possède tous les trois.

Le cas où le même individu possède les trois éléments embrasse les deux points extrêmes de la société actuelle relativement à l'indépendance et à la dignité de la classe ouvrière : le premier, lorsque le travailleur lui-même est propriétaire. C'est aussi ce qui a lieu le plus communément dans les États septentrionaux de l'Union américaine, très fréquemment en France, en Suisse, dans les trois royaumes scandinaves et dans certaines parties de l'Allemagne ; c'est aussi ce qui a lieu ordinairement dans certaines parties de l'Italie et en Belgique. Dans tous ces pays, il y a, sans nul doute, de vastes propriétés territoriales, et un nombre encore plus considérable de propriétés qui, sans être considérables, exigent le secours passager ou continu de travailleurs salariés. Cependant une grande partie de la terre est possédée en fractions trop faibles pour exiger d'autre travail que celui du paysan et de sa famille, ou même pour employer ce travail complètement. Le capital employé n'est pas toujours celui du paysan propriétaire, un grand nombre de ces petites propriétés se trouvant

hypothéquées pour obtenir les moyens de cultiver; mais le capital est placé au risque du
paysan, et, bien qu'il paye un intérêt pour ce
capital, cela ne donne à personne aucun droit
d'intervention, si ce n'est peut-être quelquefois
le droit de prendre possession de la terre, dans
le cas où l'intérêt cesserait d'être payé.

Le second cas dans lequel la terre, le travail
et le capital appartiennent au même individu est
celui des pays à esclaves, pays où les travailleurs
eux-mêmes sont possédés par le propriétaire de
la terre. Nos colonies d'Amérique avant l'émancipation, et les colonies à sucre des nations qui
n'ont pas encore accompli un pareil acte de justice offrent des exemples d'établissements considérables pour le travail agricole et manufacturier
(la production du sucre et celle du rhum est une
combinaison de ces deux espèces de travail),
dans lesquels la terre, les usines (si on peut les
appeler ainsi), les machines et les ouvriers dégradés sont tous la propriété du capitaliste. Dans
ce cas, aussi bien que dans le cas opposé, celui
du paysan propriétaire, il n'y a pas de division
de produits.

Quelquefois le produit se partage entre deux classes seulement.

Lorsque les trois éléments indispensables à la
production ne sont pas possédés par le même
individu, il arrive souvent que la même per-

sonne en possède deux. Quelquefois le même
individu possède le capital et la terre, mais ne
possède pas le travail. Le propriétaire stipule un
engagement avec l'ouvrier d'une façon directe,
et fournit la totalité ou une partie du fonds nécessaire pour la mise en culture de la terre. Ce
système est adopté ordinairement dans les parties de l'Europe continentale où les travailleurs
ne sont ni serfs ni propriétaires. C'était le système dominant en France avant la Révolution et
il existe encore dans les quelques parties de ce
pays où la terre n'est pas la propriété de celui
qui la cultive. Il est généralement en vigueur
dans les districts de l'Italie où la terre est unie
excepté ceux qui sont principalement consacrés
au pâturage, tels que la maremme de Toscane
et la campagne de Rome. Dans ce système, la
division des produits a lieu entre les deux classes, le possesseur de la terre et l'ouvrier.

Dans d'autres cas le travailleur ne possède pas
la terre, mais il possède le petit capital appliqué
à sa culture, le propriétaire n'étant pas dans
l'habitude de le fournir. C'est le système généralement en vigueur en Irlande. Il est adopté dans
presque toute l'étendue de l'Inde et dans la plupart des pays orientaux, soit que le gouvernement conserve, ainsi que cela a lieu en général,
la propriété du sol, soit qu'il en concède certaines parties qui deviennent complètement, ou dans
certaines limites, la propriété des individus. Dans
l'Inde cependant la situation est tellement meil-

leure qu'en Irlande, que le propriétaire du sol a
coutume de faire des avances aux cultivateurs,
s'ils ne peuvent cultiver sans ce moyen. Le propriétaire indigène demande ordinairement en
échange un intérêt élevé ; mais le propriétaire
principal, l'État, leur fait ces avances gratuitement, et en opère le recouvrement après la récolte, en même temps que celui de la rente. Ici
le produit se partage, comme dans le cas cité plus
haut, entre les deux mêmes classes, celle des
propriétaires et celle des travailleurs.

Telles sont les principales différences qui existent dans le classement des individus entre lesquels se distribue le produit du travail agricole.
Lorsqu'il s'agit de l'industrie manufacturière, il
n'y a jamais plus de deux classes, celle des travailleurs et celle des capitalistes. Les premiers
artisans, en tout pays, ont été ou des esclaves
ou les femmes de la famille. Dans les manufactures des anciens, sur une grande ou sur une
petite échelle, les travailleurs étaient ordinairement la propriété du capitaliste. En général, si
quelque travail manuel était regardé comme
compatible avec la dignité d'un homme libre,
c'était uniquement le travail agricole. Le système inverse, dans lequel le capital fut possédé
par le travailleur, a coexisté avec la naissance du
travail libre, et c'est sous son empire que les
premiers progrès considérables de l'industrie
manufacturière se sont accomplis. L'artisan
posséda le métier ou les instruments peu nom-

breux dont il se servait et travailla pour son
compte, ou du moins il finit par arriver à ce but,
quoiqu'il travaillât ordinairement pour le compte
d'autrui, d'abord comme apprenti, et bientôt
après comme ouvrier à la journée pendant un
certain nombre d'années, avant de pouvoir être
reçu maître. Mais l'*état* d'ouvrier *perpétuel*, restant toute sa vie travailleur salarié, n'avait pas
sa place parmi les métiers et les corporations du
moyen âge. Dans les villages où un charpentier ou
un forgeron ne peut vivre et payer le salaire d'ouvriers sur le profit de l'industrie, il est aujour-
d'hui son propre ouvrier, et les boutiquiers,
dans de pareilles circonstances, sont leurs propres garçons de boutiques. Mais partout où l'é-
tendue du marché le permet, la distinction est
aujourd'hui complètement établie entre la classe
des capitalistes, c'est-à-dire de ceux qui emploient les travailleurs, et les travailleurs eux-
mêmes, les capitalistes ne prenant en général
d'autre part dans le travail que celle de la direction et de la surveillance.

CHAPITRE IV

DE LA CONCURRENCE ET DE LA COUTUME.

La concurrence n'est pas le régulateur unique de la division des produits.

Sous l'empire de la propriété individuelle, la division des produits est le résultat de deux causes déterminantes, la concurrence et la coutume. Il est important de constater la somme d'influence qui appartient à chacune de ces causes, et de quelle manière l'effet de l'une est modifié par l'autre.

Les économistes en général, et plus que tous les autres les économistes anglais, se sont accoutumés à donner une importance presque exclusive au premier de ces mobiles, à exagérer l'effet de la concurrence, et à tenir peu de compte de l'autre principe qui la combat. Ils sont disposés à s'exprimer comme s'ils pensaient que la concurrence produit effectivement, dans toutes les circonstances, tous les résultats qu'on peut démontrer qu'elle tend à produire. C'est ce qu'on

peut jusqu'à un certain point concevoir, si l'on
considère que c'est seulement grâce au principe
de la concurrence que l'économie politique a
quelque prétention au caractère scientifique. En
tant que les rentes, les profits, les salaires, les
prix sont déterminés par la concurrence, on
peut leur assigner des lois. Supposez que la concurrence soit leur unique régulateur, et l'on
pourra poser des principes d'une généralité étendue et d'une exactitude scientifique qui les régi-
ront. C'est avec raison que l'économiste pense
que c'est là son domaine propre : et, considérée
comme science abstraite ou hypothétique, on ne
peut exiger de l'économie politique qu'elle fasse,
et assurément elle ne peut faire davantage. Mais
ce serait bien mal comprendre la marche actuelle
des affaires humaines que de supposer que la
concurrence exerce réellement cette influence
d'une façon illimitée. Je ne parle pas des monopoles, naturels ou artificiels, ou des manières
quelconques dont l'autorité intervient dans la
liberté des échanges. Les économistes ont toujours fait la part de ces causes de perturbation. Je parle des circonstances où il n'existe
aucun obstacle pour restreindre la concurrence,
aucun empêchement soit dans la nature des choses, soit dans les obstacles artificiels ; des circonstances où le résultat est déterminé non par la
concurrence, mais par la coutume ou l'usage, la
concurrence ne se manifestant alors d'aucune
manière, ou produisant ses effets d'une manière

toute différente de celle qu'on suppose ordinairement lui être naturelle.

Influence de la coutume sur les rentes et sur la tenure de la terre.

En réalité, ce n'est qu'à une époque comparativement récente que la concurrence est devenue, dans une proportion considérable, le principe régulateur des contrats. Plus nous nous reportons à des époques reculées de l'histoire, plus nous voyons toutes les transactions et tous les engagements placés sous l'influence de coutumes fixes. La raison en est évidente. La coutume est le protecteur le plus puissant du faible contre le fort; c'est l'unique protecteur du premier lorsqu'il n'existe ni lois ni gouvernement pour remplir cette tâche. La coutume est la barrière que, même dans l'état d'oppression la plus complète de l'espèce humaine, la tyrannie est forcée jusqu'à un certain point de respecter. Dans une société militaire en proie à l'agitation, la concurrence libre n'est qu'un vain mot pour la population industrieuse; elle n'est jamais en position de stipuler des conditions pour elle-même au moyen de la concurrence : il existe toujours un maître qui jette son épée dans la balance, et les conditions sont celles qu'il impose. Mais, bien que la loi du plus fort décide, il n'est pas de l'intérêt et en général il n'est pas dans les habitudes du plus fort d'user à outrance de cette loi, en poussant ses excès aux dernières limites ; et tout relâchement en ce sens tend à devenir une coutume, et toute coutume à devenir un droit. Ce sont des droits qui ont cette origine, et non la concurrence sous aucune forme, qui déterminent, dans une société grossière, la part de produits dont jouissent les producteurs. Les rapports établis plus particulièrement entre le propriétaire et le cultivateur, et les payements faits par le second au premier ne sont, dans toutes les sociétés, excepté les plus modernes, déterminés que par l'usage du pays. Ce n'est qu'à des époques récentes que les conditions de possession de la terre (comme règle générale) sont devenues une affaire de concurrence. Le possesseur pour un temps déterminé a presque toujours été considéré comme ayant le droit de conserver la possession en remplissant les conditions exigées par la coutume ; et il est devenu ainsi, en un certain sens, copropriétaire du sol. Dans les pays même où le possesseur n'a pas acquis cette fixité de *tenure*, les conditions de l'occupation ont souvent été fixes et invariables.

Dans l'Inde, par exemple, et dans les autres sociétés asiatiques constituées pareillement, ceux qui occupent des terres par bail à perpétuité, ou paysans-fermiers, ne sont pas considérés comme tenanciers de gré à gré, ni même comme tenanciers en vertu d'un bail. Dans un grand nombre de villages il en existe quelques-uns placés sur ce pied précaire : ce sont les individus ou les

descendants des individus qui sont établis sur les
lieux à une époque connue et relativement récente; mais tous ceux qui sont regardés comme
les descendants ou les représentants des premiers
habitants, et même un grand nombre de simples
tenanciers d'ancienne date, passent pour avoir le
droit de conserver leur terre aussi longtemps
qu'ils payent la rente accoutumée. Quelles sont
ou quelles doivent être ces rentes accoutumées?
C'est ce qui presque partout est actuellement
très obscur; l'usurpation, la tyrannie et la conquête étrangère en ont, en grande partie, effacé
les témoignages. Mais lorsqu'une ancienne prin-
cipauté purement indienne tombe sous la domination du Gouvernement britannique ou sous la
direction de ses officiers, et lorsqu'on vient à
rechercher en détail les sources du revenu, on
trouve ordinairement ce fait que, bien que le
grand propriétaire du sol, l'État, se soit engraissé
par la rapacité fiscale jusqu'à passer toutes les
bornes dans la pratique, il a fallu cependant
donner un nom distinct et un prétexte particulier à chaque accroissement dans les exactions;
de telle sorte que la demande est arrivée souvent
à se composer de trente ou quarante articles différents ajoutés à la rente nominale. Assurément
on n'aurait pas eu recours à cette manière tor-
tueuse d'augmenter les impôts, si le propriétaire
du sol avait eu le droit reconnu d'augmenter la
rente.

Influence de la coutume sur les prix.

Partout où il n'y a pas de monopole, les prix ont été soumis plus promptement à l'influence de la concurrence et lui obéissent bien plus généralement que les rentes; mais cette influence n'est nullement, même dans l'état actuel d'activité de la concurrence commerciale, aussi absolue qu'on le suppose quelquefois. Il n'est pas de proposition que nous rencontrions plus souvent sur le terrain de l'économie politique que celle-ci : il ne peut y avoir deux prix sur le même marché. Tel est sans contredit l'effet naturel d'une concurrence sans obstacle; cependant tout le monde sait que presque toujours il existe deux prix sur le même marché. Non seulement, dans chaque grande ville et presque dans chaque industrie, on trouve des boutiques où l'on vend bon marché et des boutiques où l'on vend cher; mais, dans la boutique, on vend souvent le même article à des prix différents aux divers chalands, et il est passé en règle générale que chaque détaillant adapte son échelle de prix à la classe de chalands sur laquelle il compte. Le commerce en gros sur les articles principaux de commerce est réellement soumis à l'empire de la concurrence. Dans ce cas, les acheteurs aussi bien que les vendeurs sont des commerçants ou des manufacturiers, et leurs achats ne sont pas déterminés par l'indolence ou la recherche d'un luxe

vulgaire, mais ce sont de véritables transactions
commerciales. Dans les marchés où se fait la
vente en gros, on peut donc affirmer comme
proposition générale qu'il n'y a pas dans le même
moment deux prix pour une seule denrée; il y
a à chaque moment et dans chaque lieu un prix
de marché qui peut être coté comme prix courant. Mais le prix de détail, le prix payé par le
consommateur réel semble ne ressentir que très
lentement et très imparfaitement l'effet de la concurrence et lorsque la concurrence existe, souvent, au lieu de faire baisser les prix, elle ne fait
que partager les profits résultant de l'élévation des
prix entre un plus grand nombre de marchands.
De là vient que, sur le prix payé par le consommateur, une portion si considérable est absorbée
par les profits des détaillants; et quiconque recherche la part qui revient à ceux qui ont produit
les denrées qu'il achète, restera souvent étonné
de la médiocrité de cette part. Lorsque le marché,
se trouvant placé dans une grande ville, offre
un appât suffisent à de grands capitalistes pour
qu'ils s'engagent dans des opérations de vente au
détail, on trouve généralement que c'est une
spéculation plus avantageuse de vendre au-dessous du prix auquel vendent d'autres marchands
que d'entrer simplement en partage avec eux
dans les profits de l'industrie. Cette action exercée par la concurrence se fait sentir de plus en
plus au sein des grandes villes, dans les principales branches du commerce de détail; et la

8

rapidité et le bon marché des transports, en
rendant les consommateurs moins dépendants
des marchands placés dans leur voisinage immédiat, tendent à assimiler de plus en plus le pays à
une grande ville; mais, jusqu'à ce jour, ce n'est
que dans les principaux centres industriels que
les transactions de détail ont été principalement
ou même à un haut degré, déterminées par la
concurrence. Partout ailleurs elle agit plutôt,
lorsqu'elle agit, à la façon d'une influence passa-
gèrement perturbatrice. Le régulateur habituel
est la coutume modifiée de temps en temps par
les idées qui existent dans les esprits des acheteurs et des vendeurs, sur une sorte d'équité
et de justice.

Dans un grand nombre d'industries, les conditions auxquelles se traitent les affaires forment la matière d'arrangements positifs parmi
les commerçants, et ils usent des moyens qu'ils
ont toujours à leur disposition de rendre in-
commode ou désagréable la position de tout
membre de la communauté qui se départ des
coutumes établies. On n'ignore pas que l'industrie du libraire est au nombre de ces dernières
et que, malgré l'esprit actif de rivalité qui
existe dans ce genre de commerce, la concurrence ne produit pas son effet naturel, lorsqu'elle rompt avec les errements propres à
cette industrie. Toute rémunération attribuée à
une profession libérale est réglée par l'usage.
Les [honoraires des médecins, des chirurgiens

et des légistes, les frais payés aux attorneys
sont presque invariables. Ce n'est pas assurément qu'il n'y ait une concurrence considérable
dans ces professions, mais la concurrence agit
en diminuant pour chaque compétiteur la chance
de gagner des honoraires et non en diminuant
le chiffre même des honoraires.

S'il est vrai que la coutume se défende à un
tel point contre la concurrence, là même où,
par suite de la multitude des rivaux, de l'énergie qu'on met généralement à la poursuite du
gain, l'esprit de concurrence est le plus puissant, nous pouvons être assurés qu'elle se dé-
fend bien plus encore, lorsque, les gens se
contentent de gains plus faibles et estiment leur
intérêt pécuniaire à un taux plus bas lorsqu'il
est mis en balance avec leur repos ou leur
plaisir. Je crois qu'on verra souvent dans l'Europe continentale les prix et les frais de certaine nature ou de toute nature beaucoup plus
élevés dans quelques lieux que dans d'autres
peu éloignés, sans qu'il soit possible d'assigner
à cela aucune cause autre qu'une coutume de
temps immémorial. Les acheteurs y sont accoutumés et y donnent leur assentiment. Un
compétiteur entreprenant avec un capital suffisant pourrait bien abaisser les frais de fabrication et faire sa fortune pendant l'intervalle;
mais il n'y a pas en ces pays de compétiteurs
entreprenants. Ceux qui possèdent un capital
préfèrent le laisser où il est, ou bien en tirer un

profit moindre en se donnant moins de mouvement.

Ces observations doivent être admises comme
un correctif général à appliquer, qu'il soit ou
non mentionné expressément, aux conclusions
contenues dans les parties suivantes de ce traité.
Nos raisonnements doivent s'enchaîner, en général, comme si les effets connus et naturels de
la concurrence étaient réellement produits par
elle, dans tous les cas où elle n'est pas arrêtée
par quelque obstacle positif. Lorsque la concurrence, quoique pouvant exister librement,
n'existe pas, et lorsque, existant réellement,
elle est dominée dans ses conséquences naturelles par quelque autre influence, les conclusions cesseront plus ou moins d'être applicables.
Pour échapper à l'erreur, nous devons, en ap-
pliquant les conclusions de l'économie politique
aux affaires réelles de la vie, considérer, non
seulement ce qui doit arriver en supposant le
maximum de concurrence, mais encore à quel
degré le résultat sera modifié si la concurrence
reste au-dessous du maximum.

Les divers états de relations économiques
qu'il convient de discuter et d'apprécier les
premiers, sont ceux dans lesquels la concurrence n'a aucune part, l'arbitre des transactions
étant la force brutale ou l'usage établi.

LIVRE III

DE L'ÉCHANGE.

CHAPITRE PREMIER

DE LA VALEUR.

Observations préliminaires.

Le sujet que nous allons aborder occupe dans l'économie politique une position si importante et si haute, que, dans l'opinion de quelques penseurs, ses limites se confondent avec celles de la science elle-même. Un écrivain éminent a proposé de donner à l'économie politique le nom de *Catallactique* ou science des échanges; d'autres l'appellent *Sciences des valeurs*. Si ces dénominations m'avaient semblé logiquement exactes, j'aurais placé au commencement de mes recherches la discussion des lois élémentaires de la valeur, au lieu de les renvoyer à la troisième partie, et si j'ai pu différer jusqu'à

présent d'en parler, c'est une preuve que ceux
qui ont considéré l'économie politique à ce
point de vue en ont fait une science trop restreinte. Il est vrai que dans les livres précédents
je n'ai pu éviter de toucher à quelques parties
de la théorie de la valeur, notamment en ce
qui touche à la valeur du travail et de la terre.
Mais il n'est pas moins évident qu'en considé-
rant les deux grandes divisions de l'économie
politique, la production et la distribution des
richesses, la question de la valeur ne touche
qu'à la dernière, et seulement autant que la
distribution s'effectue par la concurrence et non
en vertu des lois ou de la coutume. Les conditions et les lois de la production ne changeraient
point, lors même que les arrangements sociaux
ne seraient point fondés sur l'échange ou même
ne l'admettraient pas. Même dans notre système industriel, où les emplois sont minutieu-
sement divisés et où la rémunération de chacun
des agents de la production dépend du prix du
produit, l'échange n'est pas la loi fondamentale
de la distribution des produits, comme les routes et les véhicules, qui sont des moyens de
locomotion, ne sont point une condition inté-
grante des lois du mouvement. C'est une erreur,
ce me semble, en pratique aussi bien qu'en
logique, de confondre ces deux choses. On se
trompe bien souvent en économie politique,
lorsqu'on ne distingue pas les faits qui résultent
de la nature des choses et ceux qui ressortent

des arrangements sociaux, et les erreurs de ce
genre ont deux inconvénients contraires : elles
sont cause que les économistes classent des
vérités relatives et temporaires au nombre des
lois permanentes et universelles: d'autre part,
elles portent un grand nombre d'esprits à se
tromper sur les lois éternelles de la production,
à repousser, par exemple, celles desquelles résulte la nécessité de restreindre la population,
par l'effet de considérations tirées de l'état
actuel de la société, état dont il est permis à
ceux qui en proposent un autre de ne pas tenir
compte.

Toutefois, dans un état social dont l'industrie tout entière est fondée sur des achats et
des ventes, où chaque individu vit le plus souvent, non des produits mêmes à la création
desquels il a contribué, mais de choses obtenues par un double échange, un achat et une
vente, la question de la valeur est fondamentale. Presque toutes les spéculations relatives
aux intérêts économiques d'une société ainsi
constituée impliquent une théorie quelconque
de la valeur: la plus petite erreur sur cette
matière entache toutes les conclusions d'erreurs
qui sont les conséquences de la première ; s'il
existe quelque chose de vague et de nébuleux
dans l'idée que nous nous faisons de la valeur,
tout le reste de nos idées économiques sera plein
de confusion et d'incertitude. Heureusement
il n'y a plus, dans les lois de la valeur, rien à

éclaircir actuellement, ni plus tard ; cette théorie est complète : ils ne reste plus qu'une difficulté : il s'agit de donner de cette théorie une exposition telle qu'elle résolve d'avance les principaux problèmes qui se présentent dans l'application. Pour y parvenir, il faut entrer dans de minutieux détails et demander beaucoup à la patience du lecteur. Néanmoins, s'il est étranger aux études économiques, il sera dédommagé par la facilité et la promptitude avec lesquelles, une fois qu'il aura bien compris la théorie de la valeur, il pourra approfondir les autres problèmes de l'économie politique.

CHAPITRE VI

RÉSUMÉ DE LA THÉORIE DE LA VALEUR.

Théorie de la valeur résumée dans une suite de propositions.

Voici les principes de la théorie de la valeur :

I. La valeur est un rapport. Lorsqu'on dit la valeur d'une chose, on entend la quantité de quelque autre chose ou des choses en général contre laquelle la première s'échange. Donc la valeur de toutes choses ne peut ni hausser ni baisser à la fois : il n'existe rien de semblable à une hausse ou à une baisse générale des valeurs. Toute hausse de valeur suppose une baisse correspondante et toute baisse suppose une hausse.

II. La valeur temporaire ou valeur courante d'une chose dépend de la demande et de l'offre ; elle s'élève quand la demande augmente et s'abaisse quand l'offre augmente. La demande, toutefois, varie selon la valeur ; en général, elle est plus grande lorsque l'article est à bon marché que lorsqu'il est cher ; et la valeur se modifie de telle façon que la demande soit égale à l'offre.

III. Outre leur valeur temporaire, les choses ont aussi une valeur permanente ou, comme on peut l'appeler, naturelle, dont la valeur courante tend toujours à se rapprocher. Ses oscillations se compensent de telle sorte qu'en moyenne les marchandises s'échangent à peu près à leur valeur naturelle.

IV. La valeur naturelle de certaines choses est une valeur de rareté ; mais la plupart des choses s'échangent l'une contre l'autre en raison de leur prix de revient que l'on peut appeler Valeur coûtante (*Cost Value*).

V. Les choses qui ont naturellement, et d'une manière permanente, une valeur de rareté sont celles dont l'offre ne peut pas augmenter du tout ou ne peut pas augmenter assez pour satisfaire toute la demande qu'il y aurait si elles se vendaient à leur valeur coûtante.

VI. Valeur de monopole et valeur de rareté sont synonymes. Le monopole ne peut donner aucune valeur autrement que par la limitation de l'offre.

VII. Toute marchandise dont la production peut être indéfiniment augmentée par le travail et les capitaux s'échange contre les autres proportionnellement au coût nécessaire pour produire et amener sur le marché la portion de la quantité demandée dont la production coûte le plus. Valeur naturelle et valeur coûtante sont

synonymes, et la valeur coûtante d'une marchandise est celle de la quantité qui a coûté le
plus.

VIII. Le coût de production se compose de
plusieurs éléments dont quelques-uns se trouvent toujours et partout, d'autres dans certains
cas seulement. Les salaires du travail et les
profits du capital sont les deux éléments nécessaires du coût de production. Les éléments
accidentels sont l'impôt et les frais extraordinaires causés par la valeur de rareté de quelques objets nécessaires.

IX. La rente ne fait point partie du coût de
production de la marchandise sur laquelle est
établie, excepté dans les cas, plutôt imaginables
que réels, dans lesquels elle résulterait d'une
valeur de rareté. Mais lorsqu'une terre qui, employée à l'agriculture, pourrait donner une
rente est affectée à un autre emploi, la rente
qu'elle aurait donnée est un élément du coût
de production de la marchandise pour la fabrication de laquelle elle sert.

X. Si l'on néglige les éléments accidentels,
les choses dont la production peut être indéfiniment augmentée, s'échangent naturellement
et d'une manière permanente l'une contre
l'autre en proportion des salaires dépensés à
les produire et des profits que doivent retirer
les capitalistes qui payent ces salaires.

XI. Le taux relatif des salaires ne dépend pas
de ce que les salaires sont en eux-mêmes. L'élé-

vation des salaires ne fait pas des valeurs élevées, ni l'abaissement des salaires des valeurs
moindres. Le montant relatif des salaires dépend en partie des quantités de travail nécessaires pour les obtenir et en partie du taux de
rémunération de ce travail.

XII. Ainsi le taux relatif des profits no dépend
pas de ce qu'ils sont en eux-mêmes; les profits,
élevés ou médiocres, ne font point que les
valeurs soient élevées ou basses. Le taux des
profits dépend de la durée du temps pendant
lequel les capitaux sont employés et du cours
relatif des profits dans les différents emplois.

XIII. Lorsque deux choses sont produites par
la même quantité de travail, que ce travail est
rétribué au même taux, que les salaires du travail ont été avancés pour l'une et pour l'autre
durant le même temps et que la nature des emplois n'exige pas une différence constante dans
le taux des profits; alors, que les salaires et les
profits soient plus ou moins élevés, que la quantité de travail dépensé soit petite ou grande,
ces deux choses s'échangeront en moyenne l'une
contre l'autre.

XIV. Si l'une de ces deux choses possède, en
moyenne, une valeur plus grande que l'autre,
c'est parce que sa production exige une quantité de travail plus grande ou l'emploi d'un travail plus chèrement rétribué; ou que le capital
qui alimente ce travail doit être avancé en totalité ou en partie pendant une période de temps

plus longue ; ou enfin que la condition particulière dans laquelle l'une de ces deux choses est
produite exige que le taux des profits du capital
qu'elle emploie soit toujours plus élevé.

XV. La quantité de travail nécessaire pour la
production est le plus important de ces éléments ; les autres ont une moindre influence,
quoique tous en aient une.

XVI. Plus le taux des profits est bas, moins les
éléments secondaires du coût de production ont
d'importance, et plus la valeur des marchandises est en raison de la quantité et de la qualité du travail employé à leur production.

XVII. Mais toute baisse des profits abaisse,
dans une certaine mesure, la valeur coûtante
des choses produites au moyen des machines
qui durent le plus et élève la valeur des choses
faites à la main. L'élévation du taux des profits
a des effets inverses.

Comment cette théorie est modifiée quand l'ouvrier travaille pour vivre.

Telle est la théorie générale de la valeur
d'échange. Il convient de remarquer, toutefois,
que cette théorie s'applique seulement à un
système de production dirigé par les capitalistes en vue des profits, et non par les travailleurs en vue de leur existence. A mesure que
nous admettons cette dernière supposition, et
dans plusieurs pays elle se réalise sur une vaste

échelle au moins pour l'industrie agricole, celles des propositions précédentes qui se rapportent à l'influence du coût de production sur la valeur des choses doivent être modifiées. Ces propositions sont fondées sur la supposition que l'objet et le but du fabricant est de retirer un profit de son capital. Ceci posé, il en résulte que le fabricant doit vendre ses produits à un prix qui lui donne des profits moyens, c'est-à-dire qu'il doit les échanger contre d'autres marchandises, en raison du coût de production. Mais le petit propriétaire cultivateur, le métayer, le fermier cultivateur ou le *cottager*, le travailleur, quel que soit son nom, qui travaille à son compte, ne cherche pas un placement pour son petit capital, mais un emploi utile de son temps et de son travail. Ses déboursés, autres que ceux nécessaires à son entretien et à celui de sa famille, sont si peu de chose, que le prix presque entier de la vente du produit représente des salaires. Lorsque le cultivateur et sa famille se sont nourris des produits de l'exploitation, et qu'ils se sont vêtus peut-être avec ces mêmes produits manufacturés dans la famille, il peut être comparé, quant à la rémunération supplémentaire que donne la vente du reste de ces produits, à ces travailleurs qui, tirant d'ailleurs leur subsistance, peuvent vendre leur travail à un prix qui, selon leur jugement, vaut l'effort qu'il coûte. Un cultivateur qui vit avec sa famille d'une portion seulement du prix de ses produits vendra souvent le reste à un prix très inférieur à la valeur coûtante du capitaliste.

Cependant il y a, dans ce cas même, un minimum, une limite au-dessous de laquelle la valeur ne peut descendre. Le produit que le cultivateur amène sur le marché doit lui rapporter la valeur de tous les objets qu'il est forcé d'acheter, et en outre le prix de la rente. La rente, lorsque le paysan entreprend la culture, n'est plus régie par les principes développés dans les derniers chapitres, mais par la coutume, comme dans le métayage, ou, si elle est abandonnée à la concurrence, par le rapport de la population et des moyens de subsistance que donne la terre. Aussi, dans ce cas, la rente est-elle un élément du coût de production. Le paysan doit travailler jusqu'à ce qu'il ait couvert les frais de la rente et de l'acquisition des objets qui lui sont strictement nécessaires : ensuite, il peut ne travailler qu'autant qu'il obtient de l'excédent de ses produits un prix suffisant pour vaincre son aversion pour le travail.

Le minimum que je viens d'indiquer e' out ce que le paysan cultivateur doit obtenir en échange de tout l'excédent de ses produits. Mais comme cet excédent ne représente pas une quantité déterminée, qu'il peut être plus ou moins important, selon l'activité du cultivateur, il ne donne pas le minimum de valeur d'une quantité déterminée de la marchandise. Aussi, dans cet

état de choses, il est difficile de dire que la valeur dépend en quelque chose du coût de production. Elle dépend entièrement de l'offre et
de la demande, c'est-à-dire du rapport qui
existe entre la somme de l'excédent de subsistances que le cultivateur produit et le chiffre
de la population non agricole, ou plutôt du
nombre des non-cultivateurs. Si la classe des
acheteurs était nombreuse et celle des producteurs indolente, les subsistances pourraient avoir
d'une manière normale une valeur de rareté. Je
ne connais aucun exemple d'un tel phénomène.
Si la classe des cultivateurs est énergique et
active, et les acheteurs peu nombreux, les subsistances se vendront à très bas prix. Ce cas
n'est pas bien commun, mais il se passe quelque
chose de semblable dans quelques parties de la
France. En général, il arrive ou que les cultivateurs sont indolents et les acheteurs en petit
nombre, comme en Irlande, ou que les cultivateurs sont actifs et la population des villes nombreuse et riche, comme en Belgique, dans le
nord de l'Italie et en diverses contrées de l'Allemagne. Le prix du produit se réglera de lui-
même par ces diverses circonstances, à moins
que, comme il arrive souvent, la concurrence
des producteurs non-cultivateurs ou le prix des
marchés étrangers ne vienne tout modifier.
L'application de la théorie de la valeur aux
divers systèmes industriels, existants ou possibles, peut être abandonnée à l'intelligence du

lecteur. Montesquieu a eu raison de dire : il ne faut pas toujours tellement épuiser un sujet qu'on ne laisse rien à faire au lecteur : il ne s'agit pas de faire lire, mais de faire penser (1).

(1) *Esprit des Lois*, liv. XI.

LIVRE IV

INFLUENCE DES PROGRÈS DE LA SOCIÉTÉ
SUR LA
PRODUCTION ET LA DISTRIBUTION.

CHAPITRE PREMIER

CARACTÈRES GÉNÉRAUX D'UNE SOCIÉTÉ QUI S'ENRICHIT.

Observations préliminaires.

Les trois parties qui précèdent contiennent, avec autant de détails que le comporte la dimension de cet ouvrage, ce que, par une extension heureuse d'une expression mathématique, on a appelé la *statique* de l'économie politique. Nous avons considéré l'ensemble des faits économiques, étudié les rapports de cause à effet qui existaient entre eux; les circonstances qui déterminent la production, l'emploi du travail et des capitaux, et le chiffre de la population; les lois qui régissent la rente, les profits et les salaires; les conditions et les proportions dans lesquelles les marchandises s'échangent, entre particuliers et entre nations. Nous avons ainsi pris une idée d'ensemble des phénomènes économiques de la société, considérés comme existant simultanément. Nous avons jusqu'à un certain point constaté les principes en vertu desquels ils dépendaient les uns des autres, et si nous connaissions bien quelques-uns des faits élémentaires, nous pourrions en déduire d'une manière générale les autres faits élémentaires dans le même temps. Toutefois, ce que nous avons étudié jusqu'ici ne nous a fait connaître que les lois économiques d'une société qui n'aurait ni changements, ni mouvements. Il nous reste à étudier la condition économique de l'humanité dans les changements qu'elle peut subir et qu'elle subit réellement chez tous les peuples avancés en civilisation, et dans tous les pays auxquels s'étend leur influence.

Il reste à étudier quels sont ces changements, quelles lois ils suivent, quelles sont leurs tendances définitives à joindre une théorie du mouvement à notre théorie de l'équilibre, la dynamique de l'économie politique à la statique.

De tous les traits qui caractérisent le progrès économique des peuples civilisés, le premier qui par ses rapports avec les phénomènes de la production appelle l'attention est l'extension

continue et ce semble illimitée de la puissance
que l'homme exerce sur la nature...

La mise en œuvre des grandes inventions
scientifiques n'est désormais difficile nulle part :
on trouve et on instruit sans peine un nombre
de bras suffisant, dirigés avec une habileté suffisante, pour mettre en œuvre les procédés les
plus délicats qui puissent être nécessaires à
l'application des sciences. Lorsque de telles conditions se trouvent réunies, il est impossible de
ne pas prévoir une grande extension des moyens
d'économiser le travail et d'augmenter le produit, une longue suite d'inventions destinées à
fournir des moyens nouveaux et une diffusion
plus grande de l'usage et de l'avantage de ces
inventions.

Un autre changement qui a caractérisé jusqu'à présent et qui continuera de caractériser
le progrès des sociétés civilisées, c'est l'accroissement continu de la sécurité des personnes et
des propriétés. Les habitants de tous les pays
de l'Europe, des plus arriérés comme des plus
avancés, sont, à chaque génération nouvelle,
mieux protégés contre la violence et la rapacité
d'autrui, par une justice plus régulière et une
police plus sévère contre les crimes particuliers
et aussi par la décadence et la destruction de
ces privilèges malfaisants qui permettaient à
certaines classes de la société de piller impuné-
ment les autres. Chaque génération nouvelle
est aussi mieux protégée, soit par des insti-

tutions, soit par les mœurs et l'opinion, contre les actes arbitraires du gouvernement. Même dans la Russie demi-barbare, les actes de spoliation contre les individus qui n'ont pas donné de prétexte politique ne sont pas assez fréquents pour troubler la sécurité de chacun. Dans tous les pays de l'Europe, l'assiette et la perception des impôts sont moins arbitraires et moins oppressives. Les guerres et la destruction qui les accompagnent, sont bornées dans presque tous les pays aux possessions lointaines, où les peuples civilisés se trouvent en contact avec des peuples barbares. Les vicissitudes de la fortune qui ont pour cause des accidents naturels frappent elles-mêmes moins durement ceux sur lesquels elles tombent, grâce à l'extension heureuse de l'emploi des assurances.

Un des effets infaillibles de cette sécurité plus grande est un grand accroissement de production et d'accumulation. L'activité et la frugalité ne peuvent pas exister dans les pays où il n'est pas très probable que celui qui travaille et épargne jouira des fruits de son épargne et de son travail. Plus cette probabilité se rapproche de la certitude, plus l'activité et la frugalité s'étendent dans les mœurs du peuple. L'expérience a prouvé que des impôts fixes pouvaient absorber une grande partie des produits du travail et de l'abstinence de la population sans diminuer, et quelquefois même en stimulant les vertus qui produisent et accu-

mulent largement. Mais l'existence de ces vertus
ne tiendrait pas contre un état de grande incertitude. Le gouvernement peut prendre une
partie des revenus ; mais il ne doit ni troubler
les particuliers, ni les laisser troubler par personne dans la possession du reste.

Un des changements qui accompagent infailli-
blement le progrès des sociétés modernes, c'est
l'aptitude, chaque jour plus grande, de la masse
des hommes pour les affaires. Je ne veux pas
dire que la sagacité pratique de chaque particulier soit plus grande qu'autrefois. Je crois
même que le progrès économique a produit un
effet opposé. Dans une société grossière, un
homme bien doué par la nature peut faire un
bien plus grand nombre de choses, il a plus de
facilités pour approprier les moyens au but; il
est plus capable de tirer lui-même et les autres
de quelque embarras imprévu, que les quatre-
vingt-dix-neuf centièmes de ceux qui ne con-
naissent que ce qu'on appelle la vie de la civilisation. La question de savoir jusqu'à quel point
cette infériorité des facultés individuelles est
compensée, et quels seraient les moyens de la
compenser plus complètement encore, appartient à un autre ordre de recherches. Mais si l'on
considère collectivement les hommes civilisés,
la compensation est large. Ce que chacun a
perdu de moyens d'action est plus compensé
par l'accroissement de la puissance d'action de
l'association entière. A mesure que les hommes

perdent les qualités du sauvage, ils deviennent plus disciplinables, plus capables d'exécuter des plans concertés d'avance, et sur lesquels ils n'ont pas été consultés, ou de subordonner leurs caprices individuels à une détermination préconçue, et de faire séparément la portion qui leur a été assignée dans un travail combiné. Des travaux de toute sorte, impossibles pour des peuples sauvages ou demi-civilisés, sont exécutés chaque jour par les peuples civilisés, sans que ceux qui les font aient des facultés plus grandes, mais simplement parce que chacun peut compter sur l'exécution de la partie de ces travaux que d'autres ont entreprise. Ce qui caractérise en un mot l'homme civilisé, c'est l'aptitude qu'il a pour l'association dans le travail, aptitude qui comme les autres facultés augmente par la pratique et devient capable d'embrasser une sphère d'action toujours plus étendue.

Il n'y a donc rien qui résulte plus directement des changements progressifs des sociétés que le développement continu du principe et de l'association pour le travail. Des associations d'individus auxquelles chacun contribue pour une petite part exécutent maintenant des travaux industriels et autres, qu'aucun particulier ou qu'un petit nombre de particuliers seulement seraient assez puissants pour entreprendre, et pour l'exécution desquels le petit nombre de personnes en état de la tenter demandaient

autrefois une rémunération exorbitante. Comme
la richesse augmente et que l'aptitude aux affaires devient plus commune, nous pouvons
prévoir qu'un plus grand nombre d'entreprises
industrielles et autres seront faites par le concours pécuniaire d'un grand nombre de particuliers, par des sociétés comme celles qu'on
appelle *joint stock companies* ou autres constituées d'une façon moins régulière et si nombreuses en Angleterre, dont l'objet est de réunir
les fonds nécessaires pour atteindre un résultat
d'intérêt public ou de bienfaisance.

Les progrès que l'on peut prévoir dans les
sciences et dans les arts physiques, une sécurité
plus grande chaque jour des propriétés, et une
liberté plus entière de disposer de ses biens,
sont les traits les plus apparents de la civilisation des peuples modernes ; et lorsqu'on y
réfléchit, et qu'on observe aussi les progrès et
un emploi toujours plus judicieux du principe
d'association, on peut espérer un accroissement
indéfini des capitaux et de la production, et
l'accroissement de population qui en est la suite
ordinaire. On ne doit pas trop craindre que
l'accroissement de la population dépasse celui
de la production, et si l'on suppose la moindre
amélioration réelle dans les habitudes des
classes inférieures, il n'est pas même probable
que la population suive les progrès de la production. Mais il serait toutefois bien possible
que les progrès industriels fussent très grands,

et accompagnés des signes de ce qu'on appelle prospérité nationale ; que la somme des richesses augmentât, et que, jusqu'à un certain point, ces richesses fussent mieux distribuées ; que les riches devinssent plus riches ; que bien des pauvres s'enrichissent ; que la classe moyenne devînt plus nombreuse et plus puissante ; que l'aisance fût plus répandue ; sans que la grande classe qui forme la base de la population devenue plus nombreuse eût acquis ni plus d'aisance, ni plus de civilisation. Lors donc que nous considérons les progrès de l'industrie, nous devons admettre comme une supposition contre la réalisation de laquelle nous nous élevons de toutes nos forces, que l'accroissement continu de la population pourrait être aussi illimité, et même aussi rapide que l'accroissement de la production et de l'accumulation des capitaux.

Après ces observations préliminaires sur les causes qui produisent des changements dans une société qui est en voie de progrès économique, je vais examiner en détail ces changements eux-mêmes.

CHAPITRE VI

DE L'ÉTAT STATIONNAIRE.

Les chapitres précédents contiennent la théorie du progrès économique de la société dans le sens où on le comprend ordinairement, et qui consiste en un accroissement des capitaux, de la population et des arts de la production. Mais lorsqu'on étudie un mouvement progressif qui n'est pas naturellement infini, l'esprit n'est pas satisfait d'embrasser simplement les lois de ce mouvement; il ne peut manquer de se poser la question : Où tendons-nous? A quel but définitif la société marche-t-elle avec ses progrès industriels? Lorsque ces progrès cesseront, quelle sera la condition dans laquelle ils laisseront l'humanité?

Je ne puis éprouver pour l'état stationnaire des capitaux et de la richesse cette aversion sincère qui se manifeste dans les écrits des économistes de la vieille école. Je suis porté à croire qu'en somme il serait bien préférable à notre condition actuelle. J'avoue que je ne suis pas enchanté de l'idéal de vie que nous présentent ceux qui croient que l'état normal de l'homme est de lutter sans fin pour se tirer d'affaire, que cette mêlée où l'on se foule aux pieds, où l'on se coudoie, où l'on s'écrase, où l'on se marche sur les talons et qui est le type de la société actuelle, soit la destinée la plus désirable pour l'humanité au lieu d'être simplement une des phases désagréables du progrès industriel.

.....Nous pouvons supposer qu'on parvienne à cette meilleure distribution des richesses par l'effet combiné de la prudence et de la frugalité des individus et d'un système d'éducation favorable à l'égalité des fortunes, autant que cela est possible, sans attenter à la liberté que chacun a de disposer des fruits considérables ou médiocres de son travail. Nous pouvons supposer, par exemple, comme nous l'avons indiqué dans un précédent chapitre, qu'on limite la somme que chacun peut recevoir par succession ou donation à ce qui suffit pour favoriser un état d'indépendance modérée. Sous cette double influence, la société se distinguerait par les traits suivants : un corps nombreux et bien payé de travailleurs ; peu de fortunes énormes, à part celles qui auraient été gagnées et accumulées durant la vie d'un homme, mais un bien plus grand nombre de personnes qu'on n'en compte aujourd'hui, non seulement exemptes des travaux les plus rudes, mais jouissant d'assez de loisirs du corps et de l'âme pour cultiver librement les arts qui embellissent la

vie (*graces of life*) et donner des exemples aux
personnes moins bien placées pour cela. Cette
condition de la société, bien meilleure que celle
d'aujourd'hui, est non seulement compatible
avec l'état stationnaire, mais elle semble plus
facile à réaliser dans cet état que dans tout
autre...

Il y a place dans le monde et même dans les
vieilles sociétés pour un grand accroissement
de population, en supposant que les arts de la
production ne continueront de faire des progrès,
et que les accumulations continueront aussi.
Mais lors même que cet accroissement de population ne serait pas nuisible, je ne vois guère,
je l'avoue, de motifs de le désirer. Dans tous
les pays les plus peuplés, on est parvenu à une
densité de population suffisante pour permettre
à l'humanité d'obtenir au plus haut point les
avantages de l'action en commun et des relations sociales. Une population peut être trop
pressée, lors même que personne ne manquerait ni de pain, ni de vêtements. Il n'est pas bon
pour l'homme d'être toujours et malgré lui en
présence de ses semblables, un monde dans
lequel il n'y aurait pas de solitude serait un
pauvre idéal. La solitude, c'est-à-dire une certaine mesure d'isolement, est la condition nécessaire de toute profondeur de pensée et de
caractère, et la solitude en présence des beautés
et de la grandeur de la nature est le berceau
de pensées et d'aspirations qui sont non seule-

ment bonnes pour l'individu, mais utiles à la
société. Il n'y a pas grand plaisir à considérer
un monde où il ne resterait rien de livré à l'activité spontanée de la nature, où tout *rood* de terre
propre à produire des aliments pour l'homme
serait mis en culture; où tout désert fleuri,
toute prairie naturelle seraient labourés; où
tous les quadrupèdes et tous les oiseaux qui ne
seraient pas apprivoisés pour l'usage de l'homme,
seraient exterminés comme des concurrents qui
viennent lui disputer sa nourriture ; où toute
haie, tout arbre inutile seraient déracinés; où il
resterait à peine une place où pût venir un
buisson ou une fleur sauvage, sans qu'on vînt
aussitôt les arracher au nom des progrès de
l'agriculture. Si la terre doit perdre une grande
partie de l'agrément qu'elle doit à des objets
que détruirait l'accroissement continu de la
richesse et de la population, et cela seulement
pour nourrir une population plus considérable,
mais qui ne serait ni meilleure, ni plus heureuse, j'espère sincèrement pour la postérité,
qu'elle se contentera de l'état stationnaire longtemps avant d'y être forcée par la nécessité.

Il n'est pas nécessaire de faire observer que
l'état stationnaire de la population et de la richesse n'implique pas l'immobilité du progrès
humain. Il resterait autant d'espace que jamais
pour toute sorte de culture morale et de progrès moraux et sociaux; autant de place pour
améliorer l'art de vivre et plus de probabilité

de le voir amélioré lorsque les âmes cesseraient
d'être remplies du soin d'acquérir des richesses.
Les arts industriels eux-mêmes pourraient être
cultivés aussi sérieusement et avec autant de
succès, avec cette seule différence, qu'au lieu de
n'avoir d'autre but que l'acquisition de la richesse, les perfectionnements atteindraient leur
but, qui est la diminution du travail. Il est douteux que toutes les inventions mécaniques faites
jusquà ce jour aient diminué la fatigue quotidienne d'un seul être humain. Elles ont permis
à un plus grand nombre d'hommes de mener la
même vie de réclusion et de travaux pénibles
et à un plus grand nombre de manufacturiers
et autres de faire de grandes fortunes : elles
ont augmenté l'aisance des classes moyennes ;
mais elles n'ont pas encore commencé à opérer
dans la destinée de l'humanité les grands changements qu'il est dans leur nature de réaliser.
Ce ne sera que quand, avec de bonnes institutions, l'humanité sera guidée par une judicieuse
prévoyance, que les conquêtes faites sur les
forces de la nature par l'intelligence et l'énergie
des explorateurs scientifiques deviendront la
propriété commune de l'espèce et un moyen
d'améliorer et d'élever le sort de tous.

CHAPITRE VII

DE L'AVENIR PROBABLE DES CLASSES LABORIEUSES (1).

La théorie de dépendance et de protection n'est plus applicable aux sociétés modernes.

Les observations du chapitre précédent ont pour but principal de combattre un faux idéal

(1) Dans ses *Mémoires* Stuart Mill dit : Le chapitre de l'*Économie politique* qui a exercé sur l'opinion plus d'influence que tout le reste du livre, celui qui traite de « l'Avenir probable des classes ouvrières » lui est dû tout entier (à Mme Taylor, devenue Mme Mill). Dans le premier plan du livre ce chapitre n'existait pas.. La partie la plus générale de ce chapitre est en entier une reproduction de ses idées, et souvent dans les termes mêmes que je recueillais de sa bouche. Ce n'est pas d'elle que j'ai appris la partie purement théorique de mon *Économie politique*, mais c'est surtout à son influence que mon livre doit le ton général qui le distingue des traités précédents sur l'économie politique. Ce ton résulte de ce que j'ai tracé une ligne de démarcation entre les lois de la production de la richesse, qui sont en réalité des lois de la nature et dépendent des propriétés des choses, et les modes de distribution de la richesse, qui sous certaines conditions dépendent de la volonté humaine. Quelques économistes confondent ces deux ordres de lois sous le nom de lois économiques que nul effort humain, suivant

de la société humaine. Leur application pratique
dans le temps où nous vivons consiste à attacher moins d'importance au simple accroissement de la production et de fixer l'esprit du
lecteur sur une distribution meilleure et sur une
rémunération plus large du travail, qui sont les
objets que l'on doit rechercher. Que la somme
des produits augmente ou reste stationnaire,
c'est ce qui, au delà d'une certaine quantité,
doit inspirer au législateur et au philanthrope
un très médiocre intérêt, mais il est de la plus
haute importance que la somme des produits
augmente par rapport au nombre des personnes

eux, n'est capable d'annuler ou de modifier; ils attribuent
la même nécessité aux lois qui dépendent des conditions
immuables de notre existence terrestre, et à celles qui n'étant
que des conséquences nécessaires de certains arrangements
sociaux ne vont pas au delà de ces arrangements...

Sous l'empire de certaines institutions, de certaines coutumes, les salaires, les profits et la rente seront déterminés
par certaines causes; mais les économistes négligent de
tenir compte d'une chose indispensable et soutiennent que
ces causes doivent, par l'effet d'une nécessité intrinsèque,
contre laquelle nul moyen humain ne saurait servir de rien,
déterminer les parts qui reviennent, dans la division du
produit, aux travailleurs, aux capitalistes et aux propriétaires fonciers. Dans les principes d'économie politique je ne
fais pas moins d'efforts que mes devanciers pour évaluer
scientifiquement l'action de ces causes, sous l'empire des
conditions qu'elles supposent; mais c'est le premier livre qui
ne considère pas ces conditions comme définitives...

Je tenais ces vues en partie des idées qu'éveillèrent en moi
les doctrines des saint-simoniens; mais c'est sous l'influence
de ma femme qu'elles devinrent le souffle vivant qui anime
mon livre.

qui y prennent part, et ceci (que la richesse de
l'humanité reste stationnaire ou augmente autant qu'elle ait jamais augmenté dans une vieille
société) dépend des habitudes et des opinions
de la classe la plus nombreuse, celle qui vit du
travail de ses mains.

Lorsque je parle ici et dans d'autres passages
des « classes laborieuses » ou des travailleurs
comme « classe », j'emploie ces locutions pour
me conformer à la coutume et parce qu'elles
expriment un état de relations sociales qui n'a
rien d'absolu ni de permanent. Je ne reconnais
ni comme juste, ni comme bon un état de société
dans lequel il existe une « classe » qui ne travaille
pas, où il y a des êtres humains qui, sans être
incapables de travail et sans avoir acheté le
repos au prix d'un travail antérieur, sont
exempts de participer aux travaux qui incom-
bent à l'espèce humaine. Mais tant que subsis-
tera cette grande maladie sociale, une classe qui
ne travaille pas, les travailleurs formeront, eux
aussi, une classe, et on pourra en parler provi-
soirement comme d'une classe.

L'état des travailleurs, considéré au point de
vue de la morale et de la société, a été dans ces
derniers temps l'objet de beaucoup plus d'études
et de discussions que dans les temps antérieurs;
et l'opinion que cet état n'est pas ce qu'il doit
être est devenue générale. Les projets qui ont
été proposés, les discussions auxquelles ils ont
donné lieu, sur des détails plutôt que sur le

10

fond même de la question, ont mis en lumière
l'existence de deux théories opposées sur la position qu'il conviendrait de faire aux travailleurs.
L'une peut être appelée théorie de dépendance
et de protection, et l'autre théorie d'indépendance.

D'après la première de ces théories, le sort
des pauvres et tout ce qui les touche comme
classe devrait être réglé dans leur intérêt, mais
non par eux-mêmes. Il ne faudrait pas les en-
courager à penser par eux-mêmes, à donner à
leurs réflexions et à leur prévoyance une autorité dans le règlement de leur destinée. On suppose que le devoir des classes supérieures est
de penser pour eux et de prendre la responsabilité de leur sort, comme le général et les
officiers d'une armée sont responsables du sort
des soldats qui la composent. Les hautes classes,
dit-on, doivent se préparer à remplir ce devoir
consciencieusement, et leur attitude doit être
propre à inspirer de la confiance aux pauvres,
afin que, pendant qu'ils obéissent activement et
passivement aux règles qu'on leur impose, ils
se résignent d'ailleurs sous tous les autres rapports à une insouciance confiante, et se reposent
à l'ombre de leurs protecteurs. D'après cette
théorie, qui s'étend aussi aux rapports d'homme
à femme, les rapports du riche avec le pauvre
ne seraient qu'en partie des rapports de subordination; ils auraient un caractère aimable,
moral et sentimental; ils constitueraient d'une

part une tutelle bienveillante, de l'autre une
déférence respectueuse et reconnaissante. Le
riche serait une sorte de père pour le pauvre;
il le guiderait et le contiendrait comme un enfant. Il n'y aurait pas besoin que le pauvre agît
spontanément : on ne lui demanderait rien autre
que son travail de chaque jour, et d'être honnête et religieux. La morale et la religion lui
seraient aussi fournies par son supérieur, qui
aurait soin de le faire enseigner convenablement, et ferait ce qu'il faudrait pour qu'en
retour de son travail et de son attachement, le
pupille fût convenablement nourri, vêtu, logé,
pieusement instruit, et innocemment amusé.

Voilà l'idéal de l'avenir pour ceux dont le mécontentement prend la forme d'affections et de
regrets pour le passé. Comme tout idéal, celui-
ci exerce une influence secrète sur les opinions
et les sentiments d'un grand nombre d'hommes
qui ne cherchent jamais eux-mêmes un idéal
quelconque. Celui-là a un trait commun avec
tous les autres, c'est de n'avoir jamais été réalisé
dans l'histoire. Il fait appel à notre imagination,
afin d'y exciter la sympathie pour la restaura-
tion du bon temps de nos pères. Mais on ne peut
indiquer aucune époque à laquelle les classes
supérieures de ce pays ou de tout autre aient
joué un rôle approchant à celui que leur assigne
cette théorie. C'est un idéal fondé sur la conduite particulière de quelques individus isolés.
Toutes les classes privilégiées et puissantes se

sont servies de leur pouvoir au profit de leur
égoïsme, et elles ont fait ressortir leur importance en méprisant et non en traitant avec affection ceux qui, dans l'opinion de ces classes,
étaient dégradés par la nécesité de travailler
pour elles. Je n'affirmerai pas que ce qui a été
doive toujours être, et que les progrès de l'humanité n'aient aucune tendance à corriger les
sentiments très égoïstes qu'inspire le pouvoir;
mais s'il est possible que le mal diminue, il ne
saurait disparaître que par la suppression du
pouvoir lui-même. Au moins il me semble incontestable qu'avant que les classes supérieures
eussent fait assez de progrès pour exercer convenablement la tutelle qu'on propose de leur
donner, les classes inférieures en auraient fait
beaucoup trop pour qu'on pût les gouverner
ainsi.

Je sens tout ce qu'il y a de séduisant dans le
tableau que cette théorie fait de la société.
Quoique la réalisation n'ait point eu lieu dans le
passé, les sentiments en viennent; et c'est ce qui
fait que cette théorie présente quelque chose de
réel. Comme l'idée d'une société qui n'est soutenue que par les rapports et les sentiments qui
naissent de l'intérêt pécuniaire a quelque chose
qui repousse, il y a quelque chose d'attrayant
dans celle d'une société remplie de forts attache-
ments personnels et de dévouements désintéres-
sés. Les rapports de protecteur à protégé ont
jusqu'à ce jour été la source principale de ces

sentiments. Les affections les plus fortes des
hommes, en général, sont pour les personnes ou
les choses qui les séparent de quelque mal re-
douté. C'est pourquoi, dans un temps de violence
sans loi et d'insécurité, de mœurs grossières et
dures, où la vie était à tout instant entourée de
dangers et de souffrances pour ceux qui n'a-
vaient ni pouvoir par eux-mêmes, ni titre à la
protection de quelqu'un, la protection généreu-
sement accordée et reçue avec reconnaissance
fut le lien le plus fort entre les hommes, et les
sentiments issus de ces rapports furent les plus
forts : tout l'enthousiasme, toute la tendresse
des âmes les plus sensibles se sont attachés à ce
rapport social, et les principes de fidélité d'une
part, de générosité chevaleresque de l'autre,
sont devenus des passions. Je ne veux pas les
déprécier. Mais l'erreur vient de ce qu'on n'a-
perçoit pas que les vertus et les sentiments de
ce temps, comme les sentiments du clan et
l'hospitalité de l'Arabe nomade, tiennent à un
état social imparfait, et que les sentiments de
protecteur et de protégé entre rois et sujets, riches et pauvres, hommes et femmes, ne peuvent
plus avoir ce beau et tendre caractère, du jour
où il n'y a plus de dangers sérieux contre lesquels la protection soit nécessaire. Quels motifs
y a-t-il pour que, dans l'état actuel de la société, des êtres humains de force moyenne et de
moyen courage éprouvent une chaude reconnaissance et éprouvent du dévouement en retour

d'une protection? Les lois les protègent, ou elles manquent criminellement à leur but. Autrefois, pour être en sûreté, il fallait être sous la dépendance de quelqu'un : aujourd'hui, c'est la seule condition où, généralement parlant, l'on soit exposé à l'injustice. Les soi-disant protecteurs sont aujourd'hui, dans un état normal de la société, les seules personnes contre lesquelles on ait besoin de protection. Les actes de brutalité et de tyrannie dont nos rapports de police sont remplis sont commis par des maris contre leurs femmes, par des parents contre leurs enfants. Que la loi ne prévienne pas ces atrocités, qu'elle essaye à peine de les réprimer ou de les punir sérieusement, c'est là la honte de ceux qui font et appliquent les lois. Tout individu de l'un ou de l'autre sexe, qui possède ou qui gagne de quoi vivre sans le secours d'autrui, n'a pas besoin d'une autre protection que celle que lui donne ou que devrait lui donner la loi. Ceci étant, on prouve que l'on connaît bien peu la nature humaine, lorsqu'on tient pour démontré que les relations fondées sur la protection subsisteront toujours; lorsqu'on refuse de voir que le rôle de protecteur et le pouvoir qui y est attaché, sans qu'aucune nécessité le justifie, sont de nature à inspirer des sentiments tout autres que des sentiments de fidélité.

Quant aux ouvriers, on peut affirmer avec certitude, au moins lorsqu'il s'agit des pays les plus avancés de l'Europe, qu'ils ne seront plus

soumis désormais au régime patriarcal ou pater-
nel. Cette question a été décidée lorsque les travailleurs ont appris à lire et ont eu la faculté de
lire des journaux et des brochures politiques;
lorsqu'on a permis à des prédicateurs dissidents
d'aller parmi eux et de faire appel à leurs facultés et à leurs sentiments contre la religion
professée et soutenue par leurs supérieurs;
lorsqu'on les a réunis en grand nombre pour
travailler ensemble sous le même toit; lorsque
les chemins de fer leur ont permis d'aller d'un
lieu à l'autre, et de changer de patron aussi facilement que d'habit; lorsque surtout on a cherché, en étendant les franchises électorales, à
leur faire prendre part au gouvernement. Les
classes laborieuses se sont chargées elles-mêmes
de leurs intérêts, et témoignent constamment
qu'elles considèrent les intérêts de ceux qui les
emploient, non comme identiques, mais comme
opposés aux leurs. Quelques personnes des classes supérieures se flattent que ces tendances
pourront être contenues par une éducation morale et religieuse; mais elles ont laissé passer le
temps où il était possible de donner une éducation morale qui pût tendre à ce but. Les
principes de la réforme ont pénétré dans la société aussi profondément que la lecture et l'écriture, et les gens n'accepteront pas plus longtemps une morale et une religion sur l'ordre
d'autrui. Je parle surtout de ce pays, et notamment de la population des villes et de celle des

contrées où l'agriculture est le plus avancée et
où les salaires sont le plus élevés, telles que l'É-
cosse et le nord de l'Angleterre. Au milieu de la
population des comtés méridionaux, où l'agriculture est moins perfectionnée, les grands propriétaires (*gentry*) pourront conserver quelque
temps la déférence et la soumission des pauvres,
en l'achetant par des salaires élevés et un emploi
continu, en leur assurant une protection, et en
ne leur demandant jamais rien qui puisse leur
déplaire; mais ce sont deux conditions qui n'ont
jamais été et qui ne peuvent jamais rester longtemps réunies. On ne peut donner des garanties
d'existence à la classe laborieuse qu'en forçant
l'ouvrage et en restreignant, au moins par une
contrainte morale, l'accroissement de la population. C'est là que ceux qui voudraient restaurer
un ancien temps qu'ils ne comprennent pas ver-
raient à l'épreuve combien ils ont entrepris une
tâche impossible. Tout l'édifice d'influence pa-
triarcale ou seigneuriale, que l'on aurait essayé
d'élever en flattant les pauvres, tomberait devant la nécessité d'une rigoureuse loi des pauvres.

Le bien-être à venir des classes laborieuses dépendra surtout de leur culture intellectuelle.

C'est sur une tout autre base qu'il faut fon-
der à l'avenir le bien être et le bien faire (*well-
doing*) des classes laborieuses. Les pauvres sont
sortis des lisières, et ils ne peuvent plus être

gouvernés ou traités comme des enfants. C'est
de leurs qualités personnelles que dépendra désormais leur destinée. Il faut que les nations
modernes apprennent que le bien-être du peuple
doit résulter de la justice et du *self-government*,
par la δικαιοσύνη (1) et la σωφροσύνη (2) des particuliers. La théorie de la dépendance essaye de
dispenser de ces qualités les classes dépendantes.
Mais aujourd'hui, lorsque de fait même leur dépendance diminue chaque jour, lorsque leurs
âmes consentent chaque jour moins à la dépendance où elles sont encore, les vertus de l'homme
indépendant sont celles dont ils ont besoin. Les
avis, les exhortations, les conseils que l'on
adressera aux travailleurs doivent leur être présentés comme à des égaux, et acceptés les yeux
ouverts. L'avenir sera bon ou mauvais, selon
qu'ils deviendront ou ne deviendront pas des
hommes raisonnables.

Il n'y a point de motif pour ne pas espérer
dans l'avenir. Le progrès a été lent jusqu'à ce
jour, et il l'est encore; mais il se fait une éducation spontanée qui pénètre dans l'âme des
masses; on peut accélérer ses effets et la rendre
meilleure par des moyens artificiels. L'instruction que donnent les journaux et les brochures
politiques peut ne pas être la meilleure possible, mais elle vaut infiniment mieux que l'ab-

(1) Δικαιοσύνη, justice, équité.
(2) Σωφροσύνη, modération, sagesse.

sence de toute instruction. Les institutions pour faire des cours et discuter, les délibérations collectives sur des questions d'intérêt commun, les unions des métiers, l'agitation politique, tout sert à réveiller l'esprit public, à répandre un grand nombre d'idées dans les masses, à susciter des pensées et des réflexions chez les hommes les plus intelligents. Quoique l'accès aux droits politiques par les moins éclairés puisse retarder leur amélioration au lieu de l'accélérer, il n'est guère douteux que les efforts qu'ils font pour obtenir ces droits ne leur soient fort utiles. Cependant les classes laborieuses font maintenant partie de la nation; elles prennent part désormais par elles-mêmes ou par quelques-uns de leurs membres à toutes les discussions sur des matières d'intérêt général. Tous ceux qui se servent de la presse peuvent par hasard avoir les ouvriers pour lecteurs; les moyens d'instruction par lesquels les personnes de la classe moyenne acquièrent les idées qu'elles ont sont accessibles au moins aux ouvriers des villes. Avec de telles ressources, il est certain que leur intelligence s'étendra, par leurs propres efforts et sans secours étranger, et il y a tout lieu de croire que le gouvernement et les particuliers tâcheront de leur procurer une éducation scolaire plus abondante et meilleure, et que les progrès de la masse du peuple, en culture intellectuelle et dans les vertus qui résultent de cette culture, seront plus

rapides, et auront moins d'intermittence et d'a-
berrations que si on laissait le peuple faire son
éducation par lui-même, sans aucun secours.

On peut espérer avec confiance que cet accroissement d'instruction aura plusieurs effets.
Premièrement, que les classes laborieuses seront
moins disposées qu'aujourd'hui à se laisser conduire et gouverner dans leurs actions par l'autorité et par le prestige des classes supérieures.
Si les premières n'ont aujourd'hui ni déférence
respectueuse, ni principe religieux d'obéissance
qui soumette leurs âmes à des supérieurs, elles
en auront bien moins encore à l'avenir. La
théorie de dépendance et de protection leur deviendra tous les jours plus insupportable ; elles
voudront se gouverner par elles-mêmes, et que
leur sort dépende d'elles-mêmes. Il est en même
temps très possible qu'elles demandent, dans
un grand nombre de cas, l'intervention de la
législature dans leurs affaires, et le règlement,
par des lois, de choses qui les intéressent sous
l'empire d'idées très erronées sur leurs véritables intérêts. Mais c'est leur volonté propre,
leurs idées propres et leurs projets, qu'elles
voudront faire prévaloir sans accepter les règles
que d'autres prétendraient leur imposer. Les
ouvriers peuvent très bien, malgré cela, respecter la supériorité de science et d'intelligence, et
avoir une grande déférence, sur toute matière,
pour les personnes réputées par eux la connaître. Cette déférence est fondée sur les senti-

ments les plus profonds de l'homme; mais ce
ce seront les classes laborieuses elles-mêmes qui
jugeront si telle ou telle personne la mérite ou
ne la mérite pas.

Effets probables du progrès intellectuel sur un mouvement plus réglé de la population.

Il me semble impossible que le progrès de
l'intelligence, de l'éducation, de l'amour de l'indépendance, chez les classes laborieuses, ne
soit pas accompagné d'un progrès correspondant dans le bon sens, qui se manifeste par
des habitudes de prévoyance. Ce résultat si
désirable sera bien plus tôt atteint s'il était
accompagné d'un autre changement qui est
bien dans l'esprit de notre temps, l'ouverture d'occupations industrielles libres pour les
deux sexes. Les mêmes motifs, qui font qu'il
n'est plus nécessaire que les pauvres dépendent
des riches, font qu'il n'est plus nécessaire que
les femmes dépendent des hommes. Le moins
qu'exige la justice, c'est que la loi et la coutume
n'établissent pas la dépendance, lorsque la protection corrélative est devenue inutile, en faisant qu'une femme à laquelle le hasard n'a pas
donné de biens patrimoniaux n'ait guère d'autres moyens de vivre que d'être épouse et mère.
Que les femmes qui préfèrent cet état l'adop-
tent; mais c'est une injustice flagrante qu'il n'y
ait d'autre choix, d'autre carrière possible pour
la grande majorité des femmes, dans les condi-

tions tout à fait inférieures. Les idées et les institutions, d'après lesquelles l'accident du sexe
est le point de départ d'une inégalité de droits
et d'une différence nécessaire de fonctions sociales, seront bientôt reconnues comme un des
plus grands obstacles à tout progrès moral, social et même intellectuel (1). Ici, je n'indiquerai,
parmi les effets qu'aurait probablement l'indépendance industrielle et sociale des femmes,
qu'une grande diminution des maux de l'excès
de population. C'est en employant exclusivement
à la fonction de faire des enfants la moitié de
l'espèce humaine ; c'est parce qu'un sexe tout
entier n'a pas d'autre occupation, et que l'autre
y est constamment mêlé, que l'instinct animal
dont il s'agit a pris les proportions démesurées
et l'influence énorme qu'il a exercée jusqu'à ce
jour dans la vie des hommes.

(1) Il est réellement honteux que, sous le règne d'une
femme, la législation n'ait rien fait pour diminuer le moins
du monde l'injustice dont les femmes sont victimes. La po-
pulace brutale peut encore battre et presque tuer les femmes sans, pour ainsi dire, être punie pour cela : quant à
l'état civil et social, lorsqu'on a proposé un nouveau bill de
réforme destiné à étendre les franchises électorales, on n'a
pas eu l'idée de reconnaître quelque chose comme une égalité de droit, par exemple, en admettant à voter les femmes
de la même classe, ayant les mêmes propriétés et les mêmes
qualifications que les hommes appelés par le projet de loi
à l'exercice des droits électoraux.

Tendance de la société à diminuer les rapports de
serviteur et de salarié.

Les conséquences politiques de l'augmentation
du pouvoir et de l'influence des classes ouvrières, de l'ascendant qui donne à la majorité,
même en Angleterre et avec les institutions actuelles, une voix au moins négative sur les actes
du gouvernement, ont trop d'importance et d'é-
tendue pour que nous les discutions ici. Mais
sans sortir des considérations économiques,
malgré l'influence que peuvent avoir une instruction meilleure et plus forte des classes laborieuses, et des lois justes pour modifier à l'a-
vantage des travailleurs la distribution des produits, je ne puis croire qu'ils se contentent
toujours de l'état de salariés et qu'ils l'acceptent
comme condition définitive. Ils peuvent consen-
tir à passer par la condition de salariés, pour
arriver à celle de maîtres, mais non à rester
toute leur vie salariés. Dans un pays neuf, où
la richesse et la population croissent rapidement, comme en Amérique ou en Australie, la
condition normale de l'ouvrier est de commencer comme salarié, puis de travailler pour son
compte, et enfin d'employer des ouvriers; mais
dans un vieux pays, complètement peuplé, ceux
qui naissent salariés vivent et meurent ordinairement salariés, ou descendent à la condition
encore inférieure d'objets de la charité publique. Dans l'état actuel de l'humanité, lorsque les

idées d'égalité s'étendent chaque jour dans les classes laborieuses et ne peuvent être arrêtées que par la suppression absolue de toute liberté de discussion écrite et même verbale, on ne peut plus espérer de maintenir la division de l'humanité en deux classes héréditaires de patrons et de salariés. Les rapports sont déjà presque aussi désagréables pour celui qui paie les salaires que pour celui qui les reçoit. Si le riche considère le pauvre comme un serviteur dont la dépendance est fondée sur une sorte de loi naturelle, il est considéré à son tour comme la proie et la pâture du pauvre. Les demandes et les espérances élevées contre lui sont infinies et croissent à chaque concession qu'on leur fait, tandis qu'on s'efforce de réduire au minimum le plus bas les services fournis en échange du salaire. Il deviendra tôt ou tard insupportable à ceux qui emploient les ouvriers de vivre en contact perpétuel avec des hommes dont les intérêts et les sentiments leur sont hostiles. Les entrepreneurs sont presque aussi intéressés que les ouvriers à mettre les opérations industrielles sur un pied tel, que ceux qui travaillent s'intéressent autant à ce qu'ils font que ceux qui travaillent pour eux-mêmes.

L'opinion exprimée dans une autre partie de ce traité, au sujet des petites propriétés foncières et des paysans propriétaires, a fait peut-être comprendre au lecteur que je compte sur une grande division de la propriété foncière,

pour exempter au moins les ouvriers de l'agriculture de la nécessité d'attendre exclusivement
du salaire leurs moyens d'existence. Cependant
telle n'est pas mon opinion. Je pense, il est vrai,
que cette forme d'économie rurale, critiquée
sans raison, est bien préférable, quant à l'ensemble de ses effets sur le bonheur des hommes, au travail salarié sous toutes les formes
actuelles, parce que, dans cette combinaison,
les obstacles de prudence qui contiennent la population agissent plus directement et ont plus
d'efficacité, et parce que, au point de vue de la
sécurité, de l'indépendance, de l'exercice de
toutes les facultés qui ne sont pas purement ani-
males, l'état du paysan propriétaire est très supérieur à celui du cultivateur salarié, soit en
Angleterre, soit en tout autre pays. Je verrais
avec peine, dans l'état actuel des lumières, que,
sous le prétexte pédantesque d'améliorations
agricoles à introduire malgré la différence des
situations, on abolit la petite propriété, là où elle
existe et où elle produit des résultats satisfai-
sants. Dans un pays où l'industrie est arriérée,
comme l'Irlande, je demanderais son introduction, de préférence à tout système de travail salarié, comme un moyen plus puissant d'élever la
population d'une insouciance sauvage à une activité persévérante et prudente.

Mais un peuple qui a adopté le système de la
grande production, dans l'industrie et dans l'a-
griculture, n'est pas disposé à l'abandonner, et

tant que la population est en rapport avec les
moyens d'existence, on ne doit pas désirer que
ce système soit abandonné. Il est certain que le
travail produit davantage dans un régime de
grandes entreprises : si le produit n'est pas absolument plus considérable, il y est plus considérable en proportion du travail employé à l'obtenir. Il peut entretenir le même nombre d'hommes avec moins de fatigue et plus de loisir ; ce
qui sera un avantage dès que la civilisation aura
fait des progrès tels, que ce qui profite à la société profite en même temps à chacun de ceux
qui la composent. Lorsque l'on considère la question au point de vue moral, bien plus important
que le point de vue économique, on pourrait
imaginer quelque chose de mieux comme but de
perfectionnement industriel que la dispersion de
l'humanité sur la terre, famille par famille, gou-
vernée chacune dans son intérieur, comme aujourd'hui, par un patriarche despote, sans intérêts communs, sans communion intellectuelle
nécessaire avec le reste des êtres humains. Dans
cet état de choses, le chef de famille exerce une
autorité souveraine sur toutes les personnes qui
la composent ; il tend à tout concentrer dans la
famille, qui est un développement de sa personne, à concentrer toutes ses passions dans
celle de la possession exclusive, et à appliquer
tous ses soins à acquérir et à conserver. On peut
voir avec plaisir cette condition comme un progrès de l'état brutal vers l'état humain, comme

11

une transition entre les instincts aveugles de la brute et la prudence prévoyante, et le gouvernement de l'homme par lui-même. Mais si l'on désire de l'esprit public des sentiments généreux, ou simplement justice et égalité, l'association des intérêts, et non leur isolement, est l'école dans laquelle se forment ces qualités plus hautes. Le but du progrès n'est pas seulement de mettre des êtres humains dans une situation où ils puissent se passer les uns des autres, mais de leur permettre de travailler seuls ou ensemble, avec des rapports qui ne soient pas des rapports de dépendance. Jusqu'à ce jour, ceux qui vivent de leur travail n'ont eu d'autre alternative que de travailler chacun pour soi ou pour un maître ; mais les influences civilisatrices et meilleures de l'association, en même temps de l'économie, et la fécondité de la production en grand, peuvent être obtenues sans diviser les producteurs en deux camps de sentiments et d'intérêts opposés, où un grand nombre soient les serviteurs d'un seul qui fournit les capitaux, et n'aient d'autre intérêt dans l'entreprise que celui de gagner leur salaire avec le moins de travail possible. Les théories et les discussions des cinquante dernières années, et les événements des cinq dernières, ont donné un certain enseignement assez concluant sur ce point. A moins que le despotisme militaire, qui triomphe en ce moment sur le continent, ne réussisse dans ses desseins criminels contre les progrès de l'es-

prit humain, il est certain que l'état de salarié ne sera bientôt plus que celui des ouvriers que leur abaissement moral rendra indi-
gnes de l'indépendance, et que les rapports
de patron à ouvrier seront remplacés par l'association, sous une ou deux formes : association temporaire, en certains cas, des ouvriers
avec l'entrepreneur ; dans d'autres cas, et à
la fin dans tous, association des travailleurs
entre eux.

La concurrence n'est pas pernicieuse, mais utile
et indispensable.

Je suis d'accord avec les écrivains socialistes,
sur leur manière d'apprécier la forme que l'industrie doit prendre par l'effet des progrès......
Mais je suis complètement opposé à la portion
la plus remarquable et la plus violente de leurs
enseignements, à leurs déclamations contre la
concurrence. Avec des idées morales plus
avancées que celles de la société actuelle, ils
ont des idées confuses et erronées sur la façon
dont elle opère, et une de leurs plus grandes
erreurs, à mon avis, est celle qui leur fait attribuer à la concurrence tous les maux de la société actuelle. Ils oublient que partout où il n'y
a pas de concurrence il y a monopole, et que
le monopole, quelle que soit sa forme, est une
taxe levée sur ceux qui travaillent au profit de
la fainéantise sinon de la rapacité. Ils oublient

aussi qu'à l'exception de la concurrence entre
travailleurs, toute concurrence profite aux travailleurs, en abaissant le prix des objets qu'ils
consomment; que, même sur le marché du
travail, la concurrence tend à élever et non
à abaisser les salaires chaque fois que la concurrence de ceux qui demandent le travail
est plus active que celle de ceux qui offrent le
travail, comme en Amérique, aux colonies, et
dans les métiers qui exigent une grande habileté ; que la concurrence ne peut jamais faire
baisser les salaires, à moins que le marché
du travail ne soit encombré; que si l'offre de
travail est excessive, il n'y a pas de socialisme qui puisse empêcher qu'il ne soit moins
rémunéré. D'ailleurs, si l'association était générale, il n'y aurait plus de concurrence entre
ouvrier et ouvrier, et celle qui aurait lieu
entre association et association serait au profit des consommateurs, c'est-à-dire des associations elles-mêmes, de la classe laborieuse en
général.

Je ne prétends pas que la concurrence soit
sans inconvénients, ni que les objections élevées
contre elle par les écrivains socialistes, lorsqu'ils l'accusent d'être une cause de jalousie et
d'hostilité entre les personnes de même profession, soient tout à fait sans fondement. Mais si
la concurrence a ses inconvénients, elle en pré-
vient de bien plus grands. Comme M. Fougueray
le dit fort bien : « La racine la plus profonde

des maux et des iniquités qui couvrent le monde industriel n'est pas la concurrence, mais bien l'exploitation du travail par le capital, et la part énorme que les possesseurs des instruments de travail prélèvent sur les produits.... Si la concurrence a beaucoup de puissance pour le mal, elle n'a pas moins de fécondité pour le bien, surtout en ce qui concerne le développement des facultés individuelles, et le succès des innovations. » L'erreur commune des socialistes est de ne pas tenir compte de la paresse naturelle aux hommes, de leur tendance à la vie passive, à se faire les esclaves de la coutume et à persister indifiniment dans une voie déterminée. Que l'homme obtienne une situation qu'il estime tolérable, ce qu'on doit craindre, c'est de le voir aussitôt tomber dans la stagnation ; de voir cesser tout effort vers le progrès ; de voir toutes les facultés humaines se rouiller au point de perdre même la vigueur nécessaire pour ne pas reculer. La concurrence peut ne pas être le stimulant le plus honnête que l'on puisse concevoir, mais en ce moment c'est un stimulant indispensable.

...Au lieu de considérer, comme la plupart des socialistes, la concurrence comme un principe funeste et antisocial, je vois que, dans l'état actuel de la société et de l'industrie, tout ce qui la limite est un mal et que tout ce qui l'étend, fût-ce même aux dépens du bien-être temporaire d'une classe de travailleurs, est un

bien en définitive. La protection contre la concurrence est une protection en faveur de l'oisiveté, de l'inaction intellectuelle ; une dispense
de l'obligation d'être aussi intelligent et aussi
laborieux que les autres hommes. Si la protection garantit contre le danger d'être privé
d'emploi par des ouvriers moins payés, c'est
seulement là où, soit une ancienne coutume,
soit un monopole local et particulier, ont fait à
une classe de travailleurs une situation privilé-
giée relativement à celle des autres, et le temps
est venu où le privilège de quelques-uns ne
peut plus être utile à l'amélioration du sort de
tous. Si les marchands d'habits confectionnés et
autres que l'on critique avec tant d'injustice et
si peu de libéralisme, — comme si, dans l'état
actuel de la société, leur mobile et leur manière
d'agir valaient quoi que ce fût de moins que
ceux des autres hommes, — ont fait baisser le
salaire des tailleurs et de quelques autres états,
en venant substituer la concurrence à la coutume, tant mieux en définitive. Il ne s'agit pas
aujourd'hui de soutenir de vieux usages qui
permettent à certains travailleurs d'obtenir un
salaire exceptionnel qui les intéresse à conserver l'organisation actuelle de la société ; il
s'agit d'introduire des procédés utiles à tous,
et il faut se réjouir de tout ce qui peut faire
sentir aux ouvriers instruits et privilégiés qu'ils
ont les mêmes intérêts et sont soumis, pour la
rémunération de leur travail, à l'influence des

mêmes causes générales et qu'ils doivent re-
courir pour l'amélioration de leur sort aux
mêmes remèdes que la multitude, moins favorisée et en quelque sorte abandonnée, si on
compare son sort au leur.

———

LIVRE V

CHAPITRE PREMIER

DES FONCTIONS DU GOUVERNEMENT EN GÉNÉRAL.

Une des questions les plus discutées de notre temps, soit dans la science, soit dans la pratique, est celle des limites qu'il convient de donner aux attributions et à l'action du gouvernement. Dans d'autres temps on a discuté sur la constitution du gouvernement, sur les principes et sur les règles de son autorité; mais aujourd'hui on discute aussi la question de savoir sur quelle portion des affaires humaines il convient d'étendre cette autorité. En ces temps où on s'occupe si activement de modifications dans le gouvernement et dans la législation, comme moyen d'améliorer la condition de l'espèce humaine, il est probable que l'intérêt de ces discussions augmentera plutôt qu'il ne diminuera. D'un côté, des réformateurs impatients, croyant qu'il est plus facile et plus tôt fait de s'emparer du gouvernement que de l'intelligence et de la volonté des peuples, sont toujours tentés d'étendre outre mesure les attributions gouvernementales; de l'autre, les hommes ont été tellement habitués à voir ceux qui les gouvernaient intervenir pour tout autre chose que pour le bien public; ils ont conçu du bien public lui-même des idées si étranges; des amis sincères du progrès ont fait de telles propositions pour obtenir par des moyens coercitifs ce que l'opinion et la discussion doivent seules régler, qu'il y a des personnes qui repoussent d'instinct l'intervention du gouvernement et qui sont disposées à restreindre sa sphère d'action dans les limites les plus étroites possibles. Par l'effet de différences dans le développement historique de chaque nation, différences sur lesquelles il est inutile d'insister, l'exagération des attributions du gouvernement est commune, en théorie et en pratique, chez les nations du continent, tandis que la tendance contraire a jusqu'à ce jour prévalu en Angleterre.

. . . .

... Il convient de distinguer les fonctions qui sont inséparables de l'idée de gouvernement ou que tous les gouvernements exercent d'ordinaire sans qu'il s'élève à ce sujet aucune objection de celles dont on a contesté l'exercice aux gouvernements. On peut appeler les premières fonctions *nécessaires*, et les secondes, fonctions *facultatives*. Par ce mot *facultatives*, je ne veux

pas dire qu'il soit indifférent que le gouvernement exerce ou n'exerce pas ces fonctions, et
qu'on puisse décider à volonté l'affirmative ou
la négative ; mais seulement que l'exercice de
ces fonctions par le gouvernement n'est pas
absolument nécessaire et qu'il existe ou peut
exister sur ce point des opinions contraires...

Division du sujet.

On peut faire quelques observations utiles sur
la nature des considérations d'après lesquelles
on discutera probablement la question de l'intervention du gouvernement, et sur la manière
d'estimer l'importance relative des considérations diverses d'utilité que l'on peut invoquer.

Voici de quelle manière nous allons diviser
notre sujet.

... Nous étudierons d'abord les effets économiques de la manière dont les gouvernements
remplissent leurs fonctions nécessaires et incontestées.

Nous examinerons ensuite certains cas où,
sous l'influence de fausses théories générales,
le gouvernement intervient facultativement,
c'est-à-dire en dépassant les bornes de ses fonctions généralement reconnues : le passé et le
présent nous en fournissent des exemples.

Enfin, il restera à rechercher si, indépendamment de toute fausse théorie, et sans s'écarter
des lois qui régissent les choses humaines, il

existe des cas dans lesquels l'intervention facultative du gouvernement soit réellement utile et quels sont ces cas.

La première de ces divisions renferme des matières de genres très variés : en effet les fonctions nécessaires du gouvernement et celles qui sont si évidemment utiles qu'on ne les a jamais ou presque jamais contestées, sont, comme nous l'avons déjà indiqué, trop variées pour pouvoir entrer dans aucune classification simple. Toutefois les plus importantes, les seules qu'il importe d'étudier ici, peuvent être rangées sous les chefs généraux suivants :

1º Moyens adoptés par les gouvernements pour lever les revenus qui sont une condition de leur existence ;

2º Nature des lois qu'ils établissent au sujet de la propriété et des contrats ;

3º Qualités ou défauts du système de moyens par lequel ils assurent généralement l'exécution de leurs lois, notamment de leur justice et de leur police.

CHAPITRE II

DES PRINCIPES GÉNÉRAUX DE L'IMPÔT.

———

Quatre règles fondamentales pour l'établissement de l'impôt.

Les qualités qu'il est désirable de trouver, économiquement parlant, dans un système d'impôts ont été résumées par Adam Smith dans quatre maximes ou principes qui, ayant été acceptés par les économistes suivants, peuvent être considérés comme classiques. Je ne puis mieux commencer ce chapitre qu'en les citant (1).

« 1° Les sujets de l'État devraient contribuer à soutenir le gouvernement autant que possible en proportion de leurs facultés, c'est-à-dire en proportion du revenu dont ils jouissent sous la protection de l'État. De l'observation ou du mépris de cette maxime ressort ce qu'on appelle égalité ou inégalité dans l'établissement de l'impôt.

« 2° L'impôt que chacun est obligé de payer doit

———

(1) *Richesse des nations*, liv. V, ch. II.

être défini et non arbitraire. L'époque du payement, le mode de payement, la somme à payer doivent être déterminés avec soin et d'une manière intelligible pour le contribuable et pour tout le monde. Lorsqu'il en est autrement, toute personne sujette à l'impôt se trouve plus ou moins soumise au pouvoir du collecteur qui peut aggraver la charge du contribuable pour lequel il est mal disposé ou extorquer par la crainte de cette aggravation quelque cadeau ou quelque chose qu'il désire. Le caractère indéfini de l'impôt encourage l'insolence et favorise la corruption d'une classe d'hommes naturellement impopulaires, lors même qu'ils ne seraient ni insolents ni corrompus. En matière d'impôt, il importe tellement que chacun ait à payer une somme fixe, que l'expérience de toutes les nations prouve, je pense, qu'une inégalité assez considérable n'est pas à beaucoup près un aussi grand mal qu'une petite incertitude ;

« 3° L'impôt doit être levé à l'époque et de la manière qui conviennent le mieux au contribuable. Un impôt sur les fermages des terres ou sur le loyer des maisons, payable à l'époque où on paye ordinairement ces fermages et ces loyers, est levé à l'époque où il convient le mieux au contribuable de le payer, ou à l'époque où il est le plus probable qu'il ait de quoi le payer. Les impôts sur les articles de consommation qui sont des articles de luxe sont tous, en définitive, payés par le consommateur et généralement

d'une façon qui lui convient; Il les paye petit à
petit en achetant la marchandise. Comme il a
aussi la liberté d'acheter ou de ne pas acheter,
selon qu'il lui plaît, c'est de sa faute si de tels
impôts l'incommodent beaucoup ;

« 4° Tout impôt doit être combiné de manière
à ne prendre, autant que possible, dans la po-
che des contribuables, qu'à peu près ce qu'il
rapporte au trésor public. Un impôt peut prendre aux contribuables et retenir beaucoup plus
qu'il ne rapporte au trésor public de quatre
manières : 1° S'il faut, pour le percevoir, un
grand nombre d'agents dont les salaires absorbent la plus grande partie du produit et dont
les perquisitions équivalent à un impôt additionnel; 2° s'il détourne le travail et les capitaux
de la société d'un emploi productif pour leur
donner un emploi moins productif; 3° si les
amendes et autres peines infligées aux malheureux particuliers qui essayent inutilement de se
soustraire à l'impôt, peuvent souvent les ruiner
et mettre fin aux bénéfices que la société reti-
rait de l'emploi de leurs capitaux (un impôt peu
judicieusement établi est une grande tentation
pour la fraude) ; 4° s'il expose les particuliers à
des visites et à des perquisitions odieuses de la
part des collecteurs, l'impôt peut causer aux
contribuables beaucoup de désagréments et de
vexations inutiles. » A cela on peut ajouter que
les règlements restrictifs auxquels les métiers
et les fabriques sont souvent assujettis pour as-

surer la perception de l'impôt, ont non seulement l'inconvénient d'être désagréables et dispendieux, mais encore celui d'opposer souvent au progrès des obstacles insurmontables.

Les trois dernières maximes formulées par Smith ont besoin d'être expliquées et éclaircies plus amplement qu'elles ne le sont dans le passage que nous venons de citer. Nous verrons en étudiant les divers impôts jusqu'à quel point chacun d'eux est établi conformément ou contrairement à ces maximes. Mais l'égalité de l'impôt, qui est la première condition, a besoin d'être étudiée plus amplement, parce que c'est une matière peu connue sur laquelle plusieurs erreurs se sont, jusqu'à un certain point, accréditées, par suite de l'absence de tout principe de jugement dans l'opinion publique.

Bases du principe d'égalité en matière d'impôt.

Pour quel motif l'égalité doit-elle être la règle en matière d'impôt? Parce qu'elle doit être la règle sur toutes les matières de gouvernement. Comme un gouvernement ne doit faire aucune distinction de personnes et de classes, et qu'il doit reconnaître à tous un droit égal à ses services, les sacrifices qu'il leur demande doivent peser à peu près du même poids sur tous les citoyens, et il faut remarquer que c'est ainsi qu'il peut leur demander le moins de sacrifices en somme. Si quelqu'un ne supporte pas sa part du fardeau commun, il y a quelqu'un qui supporte plus que sa part, et, toutes choses égales d'ailleurs, le dégrèvement de l'un n'est pas égal à la surcharge qui pèse sur l'autre. Donc, lorsque l'on dit en politique égalité en matière d'impôt, cela signifie égalité de sacrifice : cela veut dire que la part dans laquelle chacun contribue aux dépenses du gouvernement doit être réglée de façon à ce que personne ne souffre, plus qu'un autre, de l'obligation de contribuer à ces dépenses. Cet idéal, comme tous les autres, ne peut être réalisé complètement ; mais ce qu'il faut chercher avant dans toute discussion pratique, c'est en quoi consiste la perfection.

L'accroissement de la rente par des causes naturelles est une matière imposable.

Avant de quitter ce sujet de l'égalité en matière d'impôt, je dois remarquer qu'il y a des cas dans lesquels on peut s'en écarter sans s'éloigner de cette égale justice sur laquelle est fondé ce principe. Supposez qu'il existe une espèce de revenu qui tende constamment à augmenter, sans effort ni sacrifice de la part de ceux qui en sont propriétaires; que ces propriétaires composent dans la société une classe que le cours naturel des choses enrichit sans qu'ils fassent rien. Dans ce cas, l'État pourrait, sans violer les principes sur lesquels la propriété privée est établie, s'approprier la totalité ou une partie de cet accroissement de richesse à mesure qu'il se produit. Ce serait à proprement parler prendre ce qui n'appartient à personne; ce serait employer au profit de la société une augmentation de richesse créée par les circonstances au lieu de l'abandonner sans travail à une classe particulière de citoyens.

Eh bien, c'est le cas de la rente. Le mouvement ordinaire d'une société dans laquelle la richesse augmente tend toujours à augmenter le revenu des propriétaires, à leur donner une somme plus considérable et une proportion plus forte dans les richesses de la société, sans qu'ils fassent pour cela ni effort, ni dépense. Ils s'enrichissent en dormant en quelque sorte, sans travailler, sans courir de risques, sans épargner. Quel droit ont-ils, d'après les principes généraux de justice sociale, à cette augmentation de fortune? Quel tort leur aurait-on fait si, depuis l'origine, la société s'était réservé le droit d'imposer l'accroissement spontané de la rente autant que l'auraient exigé les besoins financiers de l'État? J'admets qu'il serait injuste de venir sur la propriété de chacun et de mettre la main sur l'augmentation de rente qui pourrait avoir eu lieu, parce qu'il n'y aurait aucun moyen de distinguer dans les cas particuliers l'accroissement qui résulte uniquement des progrès de la société, de celui qui est le fruit de l'intelligence et des améliorations faites par le propriétaire. Une mesure générale serait la seule manière de procéder régulièrement. On commencerait par l'éva-

12

luation de toutes les terres du pays et les sommes
auxquelles elles seraient évaluées seraient exemptes d'impôt; mais après un intervalle de temps
pendant lequel le capital et la population auraient augmenté dans la société, on pourrait
estimer en gros l'accroissement de la rente depuis la première estimation. Le prix moyen des
produits de la terre pourrait en ce cas servir de
criterium : si ce prix s'était élevé, il serait certain
que la rente a augmenté et même, nous l'avons
déjà vu, dans une proportion plus grande que
l'augmentation du prix. D'après cette donnée et
d'après quelques autres, on pourrait étudier
approximativement la plus-value de la terre par
l'effet des causes naturelles et en établissant
l'impôt foncier qui, pour éviter tout mécompte,
devrait être bien inférieur à la somme indiquée,
on serait sûr de n'atteindre aucune augmentation de rente qui fût le résultat d'un capital ou
d'un travail dépensés par le propriétaire.

Mais s'il est vrai que la société eût incontes-
tablement le droit de se réserver la faculté
d'imposer ainsi l'augmentation de la rente, ne
l'a-t-elle pas perdu en ne s'en servant point? En
Angleterre, par exemple, tous ceux qui ont
acheté des terres dans le dernier siècle ou auparavant ne les ont-ils pas achetées non seulement
en considération du revenu actuel, mais en
considération de l'augmentation future de la
rente et sous la garantie implicite que cette rente
serait imposée dans la même proportion que

les autres revenus? La force de cette objection
est très différente dans les différents pays; elle
dépend du point auquel chaque société laisse
tomber en désuétude un droit qu'elle a incon-
testablement possédé...

L'impôt foncier en certains cas est moins un impôt qu'un prélèvement sur la rente au profit de l'État.

Quelque opinion que l'on ait sur le droit de
faire entrer l'État dans le partage de tout accroissement de rente qui peut survenir à l'avenir par
des causes naturelles, l'impôt foncier actuel, qui
est malheureusement très médiocre en Angleterre, ne doit pas être considéré comme un impôt, mais comme un prélèvement de rente au
profit de l'État; comme une portion de rente
que l'État s'est réservée depuis l'origine, qui n'a
jamais appartenu aux propriétaires ni fait partie de leur revenu et dont, par conséquent, on
ne doit pas leur tenir compte dans l'assiette de
l'impôt, de manière à les exempter, à ce titre,
de toutes les autres taxes. Autant vaudrait considérer la dîme comme une taxe sur les propriétaires; autant vaudrait dire que dans le
Bengale, où l'État ayant droit à toute la rente
laisse un dixième aux particuliers, les neuf
dixièmes qu'il garde sont un impôt injuste sur
ceux auxquels il cède le dixième. De ce qu'un
particulier est propriétaire d'une partie de la
rente, il ne résulte pas que le reste lui appar-
tienne et lui soit injustement enlevé. Les pro-

priétaires possédaient à l'origine à la condition
de subir des charges féodales dont la taxe sur la
terre est un bien faible équivalent, et on aurait
pu leur faire payer à un prix bien plus élevé
l'affranchissement de ces taxes. Tous ceux qui
ont acheté de la terre depuis que la taxe a été
établie, l'ont achetée grevée de la taxe. Il n'existe
aucun motif de dire que cette taxe est une contribution exigée des propriétaires actuels.

Ces observations ne sont applicables à l'impôt
foncier que lorsque c'est un impôt particulier et
non lorsque c'est un impôt levé sur les propriétaires comme l'équivalent de celui que payent
d'autres classes de citoyens. En France, par
exemple, il existe des impôts particuliers sur
d'autres espèces de propriétés et de revenus,
tels que la contribution mobilière et la patente,
et si l'on supposait que l'impôt foncier n'est
que l'équivalent de ces contributions, il n'y aurait aucun motif de soutenir que l'État se soit
réservé une partie de la rente de la terre. Mais
toutes les fois que les revenus produits par la
terre sont sujets, au profit de l'État, à un prélèvement qui excède le prélèvement exercé sur
les autres revenus, la différence n'est point, à
proprement parler, un impôt, c'est une part réservée à l'État dans la propriété du sol. En Angleterre, il n'existe sur les autres classes de la
société aucune taxe particulière analogue à la taxe
sur la terre ou qui en représente l'équivalent.
Ce n'est pas plus une charge imposée au pro-

priétaire que la portion de bénéfice prélevée par
un fermier associé n'est une charge imposée à
son associé. Les propriétaires n'ont droit à aucune compensation pour cet impôt, ni droit à
ce qu'on leur en tienne compte comme d'une
part de l'impôt qu'ils payent. La continuation de
cette taxe au chiffre actuel ne viole en aucune
façon le principe de l'égalité en matière d'impôt.

Impôts établis dans un intérêt local.

Outre les impôts généraux qui subviennent aux
dépenses de l'État, il y a dans presque tous les
pays des taxes locales destinées à subvenir aux
dépenses publiques dont on a jugé convenable
de laisser l'administration à l'autorité locale.
Quelques-unes de ces dépenses sont faites dans
un intérêt qui touche exclusivement ou principalement les habitants de la localité, comme le
pavage, le nettoyage et l'éclairage des rues ; ou
comme les constructions et réparations des routes et des ponts, qui peuvent importer beaucoup
à tous les habitants d'un pays, mais seulement
autant qu'eux ou les marchandises qui leur appartiennent passent sur les routes ou sur les
ponts. Dans d'autres cas, ces dépenses ont un
caractère aussi national que toutes les autres,
mais elles sont faites par la localité parce qu'on
suppose qu'elles seront mieux dispensées par les
administrations locales : ainsi en Angleterre, le
secours aux pauvres, l'entretien des prisons, et

dans quelques autres pays, celui des écoles.
S'agit-il de savoir quels sont les objets auxquels
s'approprie le mieux la surveillance locale, quels
sont ceux qu'il convient de réserver à l'administration directe du gouvernement central ou de
placer sous un système mixte d'administration
locale et de surveillance du pouvoir central,
c'est une question d'administration (1), et non
d'économie politique. Il importe toutefois que
les impôts établis par l'autorité locale, toujours
moins sujets à la publicité et à la discussion
que les actes du gouvernement, aient un caractère spécial, qu'ils s'appliquent à un service
déterminé, et que leur produit n'excède pas la
dépense nécessitée par ce service.

... En Angleterre, presque toutes les taxes locales sont directes (le droit sur le charbon dans
la cité de Londres est la principale exception).
Au contraire, en France, en Autriche et dans les
autres pays où l'impôt direct entre dans une
proportion plus grande dans les recettes de
l'État, les dépenses locales des villes sont le plus
souvent couvertes par des taxes perçues à l'entrée
sur les marchandises. Ces impôts indirects ont
beaucoup plus d'inconvénients dans les villes
qu'à la frontière, parce que les objets que les
campagnes fournissent aux villes sont principalement des objets de première nécessité, et des
matières premières, tandis que ce qu'on importe
des pays étrangers est le plus souvent objet de
luxe. Un octroi ne peut donner un revenu con-

sidérable qu'à la condition de peser lourdement
sur la classe laborieuse des villes, à moins que
les salaires ne s'élèvent en proportion. En ce cas
l'impôt tombe principalement sur ceux qui consomment les produits des villes, soit qu'ils
habitent la ville ou la campagne, puisque les
capitaux ne resteraient pas dans les villes si les
profits y tombaient au-dessous du niveau qu'ils
ont dans les campagnes.

CHAPITRES VIII ET IX

DES FONCTIONS ORDINAIRES DU GOUVERNEMENT CONSIDÉRÉES AU POINT DE VUE DE LEURS EFFETS ÉCONOMIQUES (1).

Effets du défaut de sécurité des personnes et des propriétés.

Avant de discuter sur la ligne de démarcation qui sépare les choses dans lesquelles le gouvernement devrait intervenir de celles dans lesquelles il ne devrait pas intervenir, il faut examiner les effets économiques, bons ou mauvais, qui résultent de la manière dont les gouvernements s'acquittent des devoirs qui leur sont imposés par toutes les sociétés et que personne ne conteste.

Leur premier devoir est de protéger les personnes et les propriétés. Il n'est pas besoin de développements sur l'influence qu'a sur les intérêts économiques de la société la manière

---

(1) Sous cette rubrique Stuart Mill examine en outre les questions suivantes : Effets des impôts excessifs, effets de l'imperfection des lois et de l'administration de la justice, législations sur les successions, sur les sociétés commerciales..., etc., etc.

dont le gouvernement s'acquitte de ce devoir.
Si les personnes et les propriétés ne sont pas en
sûreté, on peut dire qu'il n'existe plus aucun
rapport certain entre les efforts ou les sacrifices des hommes et la fin pour laquelle ils font
ces efforts et consentent à ces sacrifices. On ne
sait plus si celui qui sème moissonnera, si celui
qui produit consommera, si celui qui épargne
aujourd'hui aura la faculté de jouir demain. Dès
lors, non seulement le travail et l'économie ces-
sent d'être les moyens sûrs d'acquérir, mais la
violence en est un plus sûr. Lorsque les personnes et les propriétés manquent jusqu'à un
certain point de sécurité, tout ce que possèdent
les faibles est à la merci des forts. Nul ne peut
garder ce qu'il a produit, à moins que d'être plus
capable de le défendre que d'autres, qui n'ont
employé aucune portion de leur temps et de
leurs efforts à une activité utile, ne sont capables
de le lui enlever. Aussi, lorsque le défaut de sécurité atteint certaines limites, les classes qui
produisent, ne pouvant se défendre contre une
population de brigands, sont obligées de se placer
sous la dépendance de quelque membre de la
classe des brigands, afin qu'il ait intérêt à les
protéger contre tout brigandage autre que celui
qu'il exerce lui-même. C'est ainsi qu'au moyen
âge, les terres allodiales en général sont devenues féodales et que tant de pauvres hommes
libres sont devenus, eux et leur postérité, serfs
de quelque seigneur guerrier.

L'oppression des gouvernements, à la puissance desquels en général aucun individu ne
peut résister, a des effets plus funestes sur ce
qui est la source de la prospérité nationale, que
l'irrégularité et la turbulence, quelles qu'elles
soient, sous des institutions libres. Des nations
ont acquis quelques richesses et fait quelques
progrès avec un lien social si imparfait que la
société touchait à l'état d'anarchie; mais jamais
les pays où la population était exposée sans garantie aux exactions des officiers du gouvernement n'ont gardé leur industrie et leur richesse.
Un gouvernement semblable pendant quelques
générations détruit bien vite l'une et l'autre.
Quelques-unes des plus belles contrées de la
terre, et des plus prospères autrefois, ont été
transformées en déserts, d'abord sous la domination romaine et ensuite sous la domination
turque, uniquement par cette cause. Je dis uniquement, parce que ces pays se seraient remis
rapidement, comme il arrive toujours, des dévastations de la guerre et de toutes les autres
calamités temporaires. Les difficultés et la souffrance ne font souvent que provoquer l'activité;
mais ce qui lui est fatal, c'est la conviction que
ses efforts ne seront point récompensés.

CHAPITRE X

DE L'INTERVENTION DU GOUVERNEMENT FONDÉE SUR DES THÉORIES ERRONÉES.

Maintenant que nous avons parlé des fonctions nécessaires (1) du gouvernement, et des effets économiques qu'a dans la société la manière dont il s'en acquitte, passons aux fonctions qui appartiennent à ce que j'ai appelé, faute d'une

(1) Stuart Mill n'a pas décrit les fonctions nécessaires du gouvernement, ni tenté de les énumérer comme le promettait un de ses passages ni cherché à préciser leurs caractères généraux. Seulement par quelques exemples il a montré leur variété. Il semble avoir voulu surtout répondre à des coreligionnaires et prouver l'insuffisance de la formule : « le gouvernement doit se borner à protéger les citoyens contre la violence et la fraude. »

Pourquoi dit-il contre la violence et la fraude et non contre d'autres maux ? Sous quel chef placerons-nous les lois sur les successions, celles qui définissent la propriété et ne sont pas quelque chose d'aussi simple qu'on semble le supposer ?...

La conclusion de Mill est que les fonctions incontestées d'un gouvernement s'étendent sur un espace trop vaste pour être enclos par une définition restrictive, que la raison d'être des fonctions du gouvernement est l'utilité publique, terme qui s'étend si loin, qu'il est presque impossible de limiter l'intervention du gouvernement par aucune règle générale...

expression meilleure, la catégorie facultative ; à
celles qui sont prises par certains gouvernements, que d'autres ne prennent point, et que
tout le monde ne reconnaît point comme fonctions légitimes du gouvernement.

Avant d'aborder l'exposition des principes généraux de la matière, il convient de débarras-
ser notre chemin de tous les cas dans lesquels
l'intervention du gouvernement est mauvaise,
parce qu'elle est fondée sur une théorie erronée
des faits au sujet desquels on intervient. Ces cas
n'ont rien de commun avec une théorie quelconque des limites du droit d'intervention des
gouvernements. Il y a des choses dont les gouvernements ne doivent point se mêler, et d'autres dont ils doivent se mêler ; mais bonne ou
mauvaise en principe, l'intervention du gouvernement doit avoir de mauvais résultats, si ceux
qui gouvernent, ignorant les lois naturelles qui
régissent l'objet de leur intervention, intervien-
nent de manière à faire du mal. Nous commen-
cerons donc par passer en revue diverses théories erronées (1) qui ont, dans un temps ou dans
l'autre, servi de prétexte à des actes de gouvernement plus ou moins fâcheux.

(1) Les points examinés sont les suivants : protection de
l'industrie nationale ; usure ; tentatives pour régler le prix
des marchandises ; monopoles ; coalitions d'ouvriers ; contrainte sur l'opinion ou les publications. Le cadre restreint
de notre travail nous oblige à ne donner qu'une indication
sur la façon dont l'auteur a envisagé son sujet.

CHAPITRE XI

L'intervention du gouvernement peut être d'autorité ou
sans prétention d'autorité.

Nous voici arrivé à la dernière partie de notre
entreprise, à la discussion, telle qu'elle convient

(1) Ce chapitre XI, le dernier de l'ouvrage, comprend deux
parties. Avant d'aborder l'étude des fonctions facultatives
(controversées) des gouvernements qui forme la deuxième
partie et comporte l'examen des questions suivantes : éducation, protection des enfants, contrats perpétuels, limitation
des heures de travail, lois des pauvres, colonisation, etc.;
M. Stuart Mill, comme pour avertir ses lecteurs qu'il les
conduisait vers des sentiers dangereux, a développé avec
force les objections générales que l'on peut élever contre
l'intervention de l'État : 1° le caractère nécessairement
coercitif de cette intervention et les dépenses qu'elle occa-
sionne; 2° les dangers de l'accroissement d'influence et de
pouvoir du gouvernement, surtout dans une démocratie
« parce que là où l'opinion publique est souveraine, l'individu opprimé par le souverain ne trouve pas, comme dans
un autre état social, un pouvoir rival auquel il puisse
demander réparation; 3° les inconvénients de la surcharge
d'occupations imposées aux gouvernants, et de l'accroisse-

à ce traité (c'est-à-dire en principe et non en détail), des limites des attributions du gouvernement, à la question de savoir à quels objets l'intervention du gouvernement peut ou doit
s'appliquer dans les affaires de la société, au
delà des attributions nécessaires. Aucune matière n'a été plus subtilement discutée dans notre siècle : cependant la discussion a porté surtout sur quelques points choisis et n'a fait qu'en
passant quelques excursions sur le reste du
sujet. Ceux qui ont discuté une question spéciale d'intervention du gouvernement, telle que
celle de l'éducation spirituelle ou autre par
l'État, la limitation des heures de travail, les lois
relatives aux pauvres, etc., se sont souvent servis

ment de responsabilité; 4° la supériorité de l'action des
particuliers dont l'intérêt est le plus fort. « Le gouvernement, en excluant ou en remplaçant l'action des particuliers,
substitue aux meilleurs agents des agents moins capables,
ou tout au moins, sa manière de faire les choses à l'infinie
variété des méthodes qui seraient essayées par un certain
nombre de personnes, également capables et tendant au
même but; 5° l'importance de cultiver les habitudes d'action
collective.

Il conclut ensuite : Nous venons d'exposer les principaux
motifs d'un caractère général pour réduire le plus possible
l'action de l'autorité publique dans les affaires de la société.
Peu de personnes contesteront que ces motifs ne soient plus
que suffisants pour qu'en tout cas ce soit à ceux qui demandent et non à ceux qui repoussent l'intervention du gouvernement, à prouver qu'ils ont raison. En un mot, le *laisser-
faire* doit être la règle générale : toutes les fois qu'on s'en
écarte, à moins que ce ne soit absolument nécessaire pour
réaliser quelque chose de grand et de bon, on fait mal très
certainement.

argement d'arguments généraux et en ont
étendu l'application au delà de toutes les bornes
en prenant parti soit en faveur de la non-inter-
vention absolue, soit en faveur d'un système ré-
glementaire; mais ils n'ont guère défini, ni semblé avoir arrêté dans leur esprit le point auquel
ils voulaient pousser l'un ou l'autre principe.
Les défenseurs de l'intervention se sont conten-
tés de poser en fait le droit et le devoir du gouvernement d'intervenir toutes les fois que son
intervention pourrait être utile ; et lorsque ceux
auxquels on a donné le nom d'école du *laisser-
faire* ont essayé de limiter les attributions du
gouvernement, ils les ont habituellement bornées à la protection des personnes et des propriétés contre la violence ou la fraude ; définition à laquelle ils ne se tiennent pas, et à laquelle,
personne ne se tient, puisqu'elle exclut, comme
je l'ai prouvé dans un précédent chapitre, quelques-unes des fonctions les plus indispensables
et les plus unanimement reconnues des gouvernements.

Sans prétendre suppléer complètement à cette
absence de théorie générale sur une question
qui, à mon avis, ne peut être résolue uniformé-
ment, j'essayerai d'apporter quelques considérations destinées à faciliter la solution de ces questions à mesure qu'elles se présentent en
examinant, du point de vue le plus élevé où l'on
puisse se placer pour embrasser le sujet, quels
sont les avantages et quels sont les maux ou les

inconvénients de l'intervention du gouvernement.

Nous devons commencer par distinguer deux sortes d'intervention du gouvernement qui, bien qu'elles se rapportent peut-être au même sujet, diffèrent dans leur essence et dans leurs efforts, et se justifient par des motifs plus ou moins pressants. L'intervention du gouvernement peut interdire à toute personne de faire telle chose ou de la faire sans son autorisation, ou il peut prescrire de faire telle chose ou une certaine manière de faire les choses que les particuliers peuvent à volonté faire ou ne pas faire. C'est là l'intervention *d'autorité* du gouvernement. Il existe une autre espèce d'intervention qui n'est point d'autorité : lorsque le gouvernement, au lieu de donner un ordre et d'en assurer l'exécution par des pénalités, prend le parti, si rarement adopté par les gouvernements et dont ils pourraient faire un usage si étendu, de donner un avis et de publier des informations ; ou lorsque, laissant les particuliers libres de conduire avec leurs ressources quelque entreprise d'intérêt général, le gouvernement, sans se mêler de ce qu'ils font, mais sans s'en remettre entièrement à eux, établit à côté de leurs travaux une agence qui lui appartient et qui tend au même but. Ainsi soutenir un établissement religieux (*church establishment*) est une chose, et refuser tolérance aux autres religions ou aux personnes qui professent d'autres religions en est une autre. Autre chose est de doter des écoles et des collèges, autre chose est d'exiger que personne ne puisse, sans une licence du gouvernement, instruire la jeunesse. Il pourrait y avoir une banque nationale ou une manufacture du gouvernement sans monopole dirigé contre les banques et les manufactures particulières. Il pourrait exister une administration des postes sans pénalité contre ceux qui transporteraient les lettres par une autre voie... Il peut exister des hôpitaux publics sans aucune restriction, contre la pratique de la médecine et de la chirurgie par les particuliers.

TABLE DES MATIÈRES

DES PRINCIPES D'ÉCONOMIE POLITIQUE.

———————————

augmenter qu'au prix d'une augmentation du coût de production.

§ 2. Cette loi opère par un changement potentiel dans l'offre.

CHAP. IV. — DERNIÈRE ANALYSE DU COÛT DE PRODUCTION.

§ 1. Élément principal du coût de production. Quantité de travail.

§ 2. Les salaires ne sont pas un élément du coût de production.

§ 3. Exception quand les salaires ne sont pas dans un emploi les mêmes que dans l'autre.

§ 4. Les profits ne sont un élément du coût de production qu'autant qu'ils varient d'un emploi à l'autre.

§ 5. Et aussi quand ils sont répartis sur un temps plus long.

§ 6. Éléments accidentels : impôt, rareté des matières premières.

CHAP. V. — DE LA RENTE DANS SES RAPPORTS AVEC LA VALEUR.

§ 1. Loi de la valeur des choses dont on peut augmenter la quantité en en augmentant le coût de production.

§ 2. Celles de ces choses qui sont produites dans les circonstances les plus favorables donnent une rente égale à la différence du coût de production.

§ 3. Rente des mines, des pêcheries, des emplacements.

§ 4. Profits extraordinaires analogues à la rente.

CHAP. VI. — RÉSUMÉ DE LA THÉORIE DE LA VALEUR.

§ 1. Théorie de la valeur résumée dans une suite de propositions.

§ 2. Comment cette théorie est modifiée quand l'ouvrier travaille pour vivre.

§ 3. Comment cette théorie est modifiée par l'esclavage.
APPENDICE.

CHAP. VII. — DE LA MONNAIE.

§ 1. Objet d'un intermédiaire circulant.

§ 2. Comment l'or et l'argent remplissent cet objet.

§ 3. La monnaie, simple instrument pour faciliter les échanges, ne modifie point les lois de la valeur.

§ 3. L'échange et l'usage de la monnaie n'altèrent en rien la loi des profits.

LIVRE QUATRIÈME.

INFLUENCE DES PROGRÈS DE LA SOCIÉTÉ SUR LA PRODUCTION ET LA DISTRIBUTION.

14

FIN DE LA TABLE DES MATIÈRES DES PRINCIPES.

BIBLIOGRAPHIE

Principes de l'Économie politique, traduits par MM. COURCELLE-SENEUIL et DUSSARD.

Le gouvernement représentatif, traduit par M. DUPONT WHITE.

La Liberté, traduit par M. DUPONT WHITE.

La Révolution de 1848 et ses détracteurs, traduit par M. SADI CARNOT.

La Logique, traduit par M. LOUIS PEISSE.

Auguste Comte et le Positivisme, traduit par M. le Dr CLÉMENCEAU.

La Philosophie de Hamilton, traduit par M. E. CAZELLES.

L'Assujettissement des femmes, traduit par M. E. CAZELLES.

Mes mémoires, histoire de ma vie et de mes idées, traduit par M. E. CAZELLES.

Essais sur la Religion, traduit par M. E. CAZELLES.

John Stuart Mill a publié en outre plusieurs brochures et articles de revues ou de journaux, parmi lesquels plusieurs mériteraient d'être traduits, entre autres : *La défense de la Compagnie des Indes, la Réforme du Parlement*, etc.

Ont été traduits en français :

L'Instruction moderne (voir *Revue des cours littéraires*, 4° année).

L'Utilitarisme (*Revue nationale*, 1865).

La Philosophie de Bain (*Revue des cours littéraires*, 6° année).

A consulter :

John Stuart Mill a criticism : with personal recollections. By Alexander Bain, emeritus professor of logic in the university of Aberdeen.

BAUDRILLARD : Les Publicistes.

L. REYBAUD : Économistes modernes.

LITTRÉ : Auguste Comte et Stuart Mill, 1864.

TAINE : Le Positivisme anglais, 1866.

WYROUBOFF : Stuart Mill et la philosophie positive, 1866.

KAURET : Philosophie de St Mill, 1885.

A. LAUGEL, étude sur Stuart Mill, 1885.

Journal des Économistes ; Mill et sa définition de la rente. 1842.

MILL, les *Principes* (1817).

Revue des deux Mondes : CH. GOURAUD, Tendances de l'économie politique en France et en Angleterre (15 avril 1852). — John Stuart Mill et l'économie politique en Angleterre, par L. REYBAUD, avril 1853. Les tendances nouvelles de l'économie politique en Angleterre, par E. DE LAVELEYE, avril 1881. Les études récentes sur la propriété, par A. FOUILLÉE, mars 1884.

Revue Britannique : du Radicalisme philosophique en Angleterre, juin 1829. M. Mill et le
droit politique des femmes, janvier 1869. John
Stuart Mill et ses doctrines, mars 1874. John
Stuart Mill, novembre 1873.

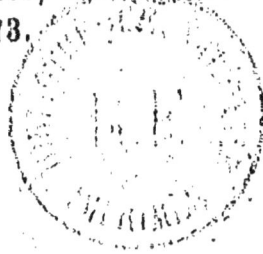

TABLE DES MATIÈRES

LIVRE III.

DE L'ÉCHANGE.

LIVRE IV.

INFLUENCE DES PROGRÈS DE LA SOCIÉTÉ SUR LA PRODUCTION ET LA DISTRIBUTION.

FIN DE LA TABLE DES MATIÈRES.

3044-80. — Corbeil, Imprimerie Crété.

www.ingramcontent.com/pod-product-compliance
Lightning Source LLC
Chambersburg PA
CBHW070256200326
41518CB00010B/1802